Recruitingstrategien im Fitness- und Gesundheitsmarkt

Daniel Schwarzenberger

Recruitingstrategien im Fitness- und Gesundheitsmarkt

Von Work-Life-Balance bis Employer Branding – der Status quo aus Sicht der Fach-, Nachwuchs- und Führungskräfte

Daniel Schwarzenberger
München, Deutschland

ISBN 978-3-662-70956-6   ISBN 978-3-662-70957-3 (eBook)
https://doi.org/10.1007/978-3-662-70957-3

Die Deutsche Nationalbibliothek verzeichnet diese Publikation in der Deutschen Nationalbibliografie; detaillierte bibliografische Daten sind im Internet über https://portal.dnb.de abrufbar.

© Der/die Herausgeber bzw. der/die Autor(en), exklusiv lizenziert an Springer-Verlag GmbH, DE, ein Teil von Springer Nature 2025

Das Werk einschließlich aller seiner Teile ist urheberrechtlich geschützt. Jede Verwertung, die nicht ausdrücklich vom Urheberrechtsgesetz zugelassen ist, bedarf der vorherigen Zustimmung des Verlags. Das gilt insbesondere für Vervielfältigungen, Bearbeitungen, Übersetzungen, Mikroverfilmungen und die Einspeicherung und Verarbeitung in elektronischen Systemen.
Die Wiedergabe von allgemein beschreibenden Bezeichnungen, Marken, Unternehmensnamen etc. in diesem Werk bedeutet nicht, dass diese frei durch jede Person benutzt werden dürfen. Die Berechtigung zur Benutzung unterliegt, auch ohne gesonderten Hinweis hierzu, den Regeln des Markenrechts. Die Rechte des/der jeweiligen Zeicheninhaber*in sind zu beachten.
Der Verlag, die Autor*innen und die Herausgeber*innen gehen davon aus, dass die Angaben und Informationen in diesem Werk zum Zeitpunkt der Veröffentlichung vollständig und korrekt sind. Weder der Verlag noch die Autor*innen oder die Herausgeber*innen übernehmen, ausdrücklich oder implizit, Gewähr für den Inhalt des Werkes, etwaige Fehler oder Äußerungen. Der Verlag bleibt im Hinblick auf geografische Zuordnungen und Gebietsbezeichnungen in veröffentlichten Karten und Institutionsadressen neutral.

Planung/Lektorat: Christine Sheppard
Springer Gabler ist ein Imprint der eingetragenen Gesellschaft Springer-Verlag GmbH, DE und ist ein Teil von Springer Nature.
Die Anschrift der Gesellschaft ist: Heidelberger Platz 3, 14197 Berlin, Germany

Wenn Sie dieses Produkt entsorgen, geben Sie das Papier bitte zum Recycling.

Geleitwort von Edgar Itt

In der heutigen Zeit, in der Wohlbefinden und unsere Gesundheit mehr denn je im Fokus stehen, ist die Rolle der Fach- und Führungskräfte in den Gesundheitsbereichen von entscheidender Bedeutung. Sie sind es, die unser höchstes Gut – die Gesundheit – Tag für Tag schützen und unterstützen. Das vorliegende Buch „Recruiting im Fitness- und Gesundheitsmarkt" von Daniel Schwarzenberger widmet sich genau dieser Thematik und hebt die essenzielle Rolle der Menschen hervor, die in den unterschiedlichen Bereichen arbeiten.

Als ehemaliger Spitzensportler begleitete mich das Thema Gesundheit seit meiner Kindheit. Damals sowie auch heute sind Spitzensportlerinnen und Spitzensportler auf qualitativ hochwertige medizinische als auch beratende Betreuung angewiesen. Und was diesbezüglich im Spitzensport gilt, ist für die allgemeine Versorgung der Gesellschaft in den Gesundheitsbereichen wünschenswert. Angesichts des jetzt schon drohenden hohen Pflegebedarfs und der Prognose, dass im Jahr 2030 in Deutschland ca. 500.000 dringend benötigte Pflege- und Gesundheitskräfte fehlen, ist an die Eigenverantwortung eines jeden Menschen zu appellieren. Nicht nur deshalb ist die Sensibilisierung auf Ernährung, Bewegung und Achtsamkeit im Leben für mich auch noch heute ein tägliches Ritual.

Gerade in einer Zeit, in der immer mehr Menschen die Vorteile eines aktiven und gesunden Lebensstils erkennen, brauchen wir engagierte und kompetente Mitarbeitende, die nicht nur über das notwendige Fachwissen verfügen, sondern auch die Leidenschaft mitbringen, andere zu motivieren und inspirieren. Diese Fachkräfte sind die Säulen unserer Gesundheit; ohne sie können wir das Ziel „Mehr Gesundheit für jeden von uns" nicht erreichen.

Um die besten Talente für diese wichtigen Positionen zu gewinnen, müssen wir bereits im Rekrutierungsprozess auf die individuellen Bedürfnisse der Mitarbeitenden eingehen. Wertschätzung, Weiterbildungsmöglichkeiten und ein unterstützendes Arbeitsumfeld sind essenziell, um nicht nur die Fach- und Führungskräfte von morgen zu gewinnen, sondern sie auch langfristig zu halten.

Dr. Daniel Schwarzenberger beleuchtet in diesem Buch, wie wichtig es ist, die Anforderungen des aktuellen Arbeitsmarktes mit den Bedürfnissen der Mitarbeitenden in den Mittelpunkt zu stellen, und zeigt praxisnahe Ansätze, um dies zu erreichen. Er führt uns durch die Herausforderungen des Personalrecruitings und bietet Lösungsansätze, die sowohl den Unternehmen als auch den Mitarbeitenden zugutekommen.

Ich lade Sie ein, dieses Buch als wertvolle Ressource zu nutzen, um nicht nur die richtigen Talente zu finden, sondern auch eine Arbeitsumgebung zu schaffen, in der sich diese entfalten können. Ein herzliches Dankeschön an Daniel Schwarzenberger für seine wertvollen Einblicke und an alle Fach-, Nachwuchs- und Führungskräfte, die tagtäglich dafür sorgen, dass wir gesünder und damit glücklicher leben können.

Viel Freude beim Lesen und Entdecken!

Edgar Itt

Edgar Itt nahm die Hürden in seinem Leben schon ganz früh. Und das tat er im Eiltempo. Deshalb wurde er auch zum Olympiamedaillengewinner. Dabei hat Edgar Itt es nicht nur in den Beinen, sondern auch im Kopf! Als studierter Betriebswirt, erfahrener Coach sowie Experte für Motivation, Kommunikation, Persönlichkeitsentwicklung, Teambuilding und Führung ist er heute an sein ganz persönliches Ziel gelangt: Er ist einer der gefragtesten „Begleiter" in der Welt der Wirtschaft und des Sports.

Vorwort

Als ich mich auf die Reise machte, dieses Buch zu schreiben, wusste ich nicht, wie viele unerwartete Wege und Wendungen mich erwarten würden. Der Titel „Recruitingstrategien im Fitness- und Gesundheitsmarkt" mag einfach erscheinen, doch dahinter verbirgt sich eine Leidenschaft, die tief in meinem Herzen verankert ist: Mehr Gesundheit für jeden von uns.

Von der ursprünglichen Idee, den ersten Skizzen über die Recherche und die eigene Datenerhebung bis hin zur finalen Ausarbeitung war es eine spannende und lehrreiche Reise. Ich durfte im Rahmen einer groß angelegten Studie mit über 200 Fach- und Führungskräften deren persönliche Einstellungen, Erfahrungen und Perspektiven kennenlernen. Diese Studie war nicht nur ein Mittel zur Datensammlung, sondern ein emotionaler Austausch, der mir die Augen für die Vielfalt und Komplexität unseres Fitness- und Gesundheitsmarktes geöffnet hat. Jedes Gespräch, jede Begegnung hat mir gezeigt, wie wichtig faire Arbeitsbedingungen und wertschätzende, bedürfnisorientierte Arbeitsplätze sind.

In einer Welt, in der wir oft übersehen, wie wertvoll unsere Fach-, Nachwuchs- und Führungskräfte sind, möchte ich mit diesem Buch ein Zeichen setzen. Die Mitarbeitenden in den unterschiedlichen Fitness- und Gesundheitseinrichtungen sind für mich wahre Diamanten – einzigartig, glänzend und unerlässlich für unsere Gesellschaft. Und wir brauchen auch weiterhin neue Talente, frische Ideen und vor allem eine Umgebung, in der sie gedeihen können.

Dieses Buch ist das Ergebnis des Zusammenspiels von Recherche und Analyse kombiniert mit der Unterstützung durch so viele inspirierende Menschen. Mein tiefes Dankeschön an alle, die mit ihrer Expertise, ihrem Wissen und ihrem Herzen dazu beigetragen haben, dass dieses Buch entstehen konnte. Ihr seid Teil dieser Reise.

Mein ganz persönlicher Dank gilt dabei Angelika, Ariane, Edgar, Patrick, York, Sylvia, Nadine, Barbara, Werner, Christian, Andreas und Kristian.

München, Deutschland   Dr. Daniel Schwarzenberger

Competing Interests

Der/die Autor*in hat keine für den Inhalt dieses Manuskripts relevanten Interessenkonflikte.

Inhaltsverzeichnis

1 **Einleitung** 1
   Literatur 4

Teil I Theoretische Hintergründe

2 **Recruiting: Die wesentlichen Elemente der Personalbeschaffung** 9
   2.1   Personallokalisation 10
   2.2   Personalakquisition 11
   2.3   Personalselektion 12
   2.4   Personalintegration 13
   2.5   Employer Branding: Die Arbeitgebermarke als
        Rekrutierungsinstrument 13
   2.6   Social Media: Digitale Medien als Rekrutierungsinstrument 15
   2.7   Künstliche Intelligenz: KI-Tools als Rekrutierungsinstrumente 16
   2.8   Die Bedeutung generationsspezifischer Unterschiede im Recruiting 18
   Literatur 19

3 **„Fitness" und „Gesundheit": Begriffswurzeln und Schnittstellen** 23
   3.1   Historische Einflüsse und mögliche Abgrenzung 23
   3.2   Gesundheitsorientierte Fitness und Gesundheitsprävention 24
   Literatur 25

4 **Die zentralen Merkmale des „Fitnessmarktes" in Deutschland** 27
   4.1   Einordnung des „Fitnessmarktes" in den gesundheitswirtschaftlichen
        Gesamtkontext 27
   4.2   Relevante Zahlen und Daten zum „Fitness- und Gesundheitsmarkt" 30
   4.3   Der Marktakteur „Fitnessstudio" in Deutschland seit 1970 31
   4.4   Das Strukturmerkmal „Personal": Fach-, Nachwuchs- und
        Führungskräfte 33
   Literatur 35

5 Gegenwärtige Rekrutierungsstrategien im Fitness- und Gesundheitsmarkt 39
  5.1 Einführung in die gegenwärtigen Rekrutierungsmöglichkeiten 39
  5.2 Interne Rekrutierungsmöglichkeiten: Förderung der eigenen Nachwuchskräfte 41
  5.3 Externe Rekrutierungsmöglichkeiten: Analoge und digitale Ansätze 42
  5.4 Employer Branding als Bindeglied einer ganzheitlichen Rekrutierungsstrategie 44
  5.5 Fazit der bisherigen Erkenntnisse und forschungsleitende Zielsetzung 46
  Literatur 48

Teil II Experten im Fokus: Befragung der Fach-, Nachwuchs- und Führungskräfte

6 Methodik 53
  6.1 Untersuchungsdesign 53
  6.2 Grundlegender Aufbau des Messinstrumentes 54
  6.3 Itemsammlung 54
    6.3.1 Subtest zur Bestimmung von Bewerbungsverhalten und Status 55
    6.3.2 Subtest zur Bestimmung rekrutierungsspezifischer Indikatoren 58
    6.3.3 Subtest zur Bestimmung soziodemografischer Indikatoren 61
    6.3.4 Subtest zur Bestimmung und Einordnung des Marktakteurs 62
  Literatur 63

7 Expertenbefragung 65
  7.1 Beschreibung der Stichprobe 66
  7.2 Gütekriterien und Umgang mit fehlenden Werten 66
  7.3 Deskriptive Analyse der Daten 67
    7.3.1 Ergebnisse des Subtests zur Bestimmung von Bewerbungsverhalten und Status 67
    7.3.2 Ergebnisse des Subtests zur Bestimmung rekrutierungsspezifischer Indikatoren 70
    7.3.3 Ergebnisse des Subtests zur Bestimmung soziodemografischer Indikatoren 78
    7.3.4 Ergebnisse des Subtests zur Bestimmung und Einordnung des Marktakteurs 82
  7.4 Zusammenfassung der Datenanalyse 83
  Literatur 84

Teil III Erkenntnisgewinne für die Praxis

8 Diskussion der empirischen Ergebnisse 87

9 Strategien, Handlungsempfehlungen und Checklisten 99
   9.1 Die Arbeitgebermarke als unternehmenskulturelles Basiselement 100
   9.2 Hybride Kanäle als Suchoptimum 101
   9.3 (Künstlich-)Intelligentes Management als Prozessbeschleuniger 103
   9.4 Authentizität und Empathie als Mitarbeiterbinder 104
   9.5 Kurz und knapp: Checklisten 106
      9.5.1 3-Punkte-Checkliste: Die Arbeitgebermarke als unternehmenskulturelles Basiselement 107
      9.5.2 3-Punkte-Checkliste: Hybride Kanäle als Suchoptimum 108
      9.5.3 3-Punkte-Checkliste: (Künstlich-)Intelligentes Management als Prozessbeschleuniger 109
      9.5.4 3-Punkte-Checkliste: Authentizität und Empathie als Mitarbeiterbinder 110

10 Schlusswort 113

Anhang 115

Abkürzungsverzeichnis

BMG	Bundesministerium für Gesundheit
BMWI	Bundesministerium für Wirtschaft und Energie
BMWK	Bundesministerium für Wirtschaft und Klimaschutz
DSSV	Deutscher Sportstudioverband
EMS	Elektromyostimulation
EVP	Employer Value Proposition
M	Mittelwert
MPG	Manpowergroup
n	Stichprobenumfang
PwC	PricewaterhouseCoopers

Abbildungsverzeichnis

Abb. 2.1　Employer Branding und seine untergeordneten Wirkungsbereiche. (Eigene Darstellung basierend auf Kriegler, 2012) 14
Abb. 7.1　Ergebnisse zum Merkmal „Work-Life-Balance" (in Prozent). 69
Abb. 7.2　Balkendiagramm zur Verteilung des Personalstatus (in Prozent) 69
Abb. 7.3　Ergebnisse zur Bewertung der internen Förderung (n = 215), basierend auf der vierstufigen Likert-Skala 73
Abb. 7.4　Ergebnisse zur Bewertung des Einsatzes von künstlicher Intelligenz (n = 215), basierend auf der vierstufigen Likert-Skala 74
Abb. 7.5　Balkendiagramm zur Verteilung der Geburtsjahrgangszugehörigkeit (in Prozent) 78
Abb. 7.6　Balkendiagramm zur Verteilung der (angestrebten) Ausbildungsabschlüsse (in Prozent) 81
Abb. 7.7　Balkendiagramm zur Verteilung der Beschäftigtenzahl in den Unternehmen (in Prozent).................................... 83

Tabellenverzeichnis

Tab. 4.1 Typisierung der Teilmärkte in der Gesundheitswirtschaft. (Eigene Darstellung) 29
Tab. 4.2 Zusammensetzung der Zahl der Beschäftigten in der Gesundheitswirtschaft im Jahr 2021. (Eigene Darstellung) 31
Tab. 6.1 Frage 1 zur bisherigen Bewerbungsanzahl für Stellen im Fitness- und Gesundheitsmarkt 56
Tab. 6.2 Frage 2 zum Bewerbungsverhalten gegenüber Stellenausschreibungen im Fitness- und Gesundheitsmarkt 57
Tab. 6.3 Frage 3 zur Bewerbungsmotivation für Stellen im Fitness- und Gesundheitsmarkt 57
Tab. 6.4 Frage 4 zum Status des Probanden in Bezug auf die Mitarbeitergruppenzugehörigkeit 58
Tab. 6.5 Frage 5 zur Einschätzung der derzeitigen Personalsituation im Unternehmen des Probanden 59
Tab. 6.6 Frage 6 zur Wahrnehmung zur Recruitingstrategie im Unternehmen des Probanden 60
Tab. 6.7 Frage 7 zur persönlichen Meinung in Bezug auf die Arbeitgebermarke ... 61
Tab. 6.8 Frage 9 bis 12 zur Bestimmung soziodemografischer Indikatoren 62
Tab. 6.9 Frage 14 zur Mitarbeitergröße des Unternehmens 63
Tab. 7.1 Mittelwerte (M) und Standardabweichungen (SD) zum Bewerbungsverhalten (n = 215), basierend auf der vierstufigen Likert-Skala 68
Tab. 7.2 Mittelwerte (M) und Standardabweichungen (SD) zur Einschätzung zur derzeitigen Personalsituation (n = 215), basierend auf der vierstufigen Likert-Skala 70
Tab. 7.3 Cronbachs Alpha mit Anzahl der Items zum Merkmal „Personalsituation" 71
Tab. 7.4 Verteilung der Häufigkeiten zum aktuellen Personalbedarf (in Prozent) 71

Tab. 7.5	Verteilung der Häufigkeiten zum Fehlen ausgebildeter Fachkräfte (in Prozent)	71
Tab. 7.6	Mittelwerte (M) und Standardabweichungen (SD) zur Wahrnehmung der Recruitingstrategie (n = 215), basierend auf der vierstufigen Likert-Skala	72
Tab. 7.7	Cronbachs Alpha mit Anzahl der Items für das Merkmal „Recruitingstrategie"	73
Tab. 7.8	Mittelwerte (M) und Standardabweichungen (SD) zur persönlichen Meinung gegenüber der Arbeitgebermarke (n = 215), basierend auf der vierstufigen Likert-Skala	75
Tab. 7.9	Cronbachs Alpha mit Anzahl der Items für das Merkmal „Arbeitgebermarke"	76
Tab. 7.10	Verteilung der Häufigkeiten zur Bewertung der Arbeitgeberattraktivität (in Prozent)	76
Tab. 7.11	Einfaktorielle Anova zur Prüfung des Zusammenhangs zwischen Bewerbungsverhalten und den verschiedenen Geburtsjahrgangsgruppen	79
Tab. 7.12	Duncan-Test zur Analyse des Zusammenhangs zwischen Bewerbungsverhalten (Unternehmenswebseite) und den verschiedenen Geburtsjahrgangsgruppen	80
Tab. 7.13	Duncan-Test zur Analyse des Zusammenhangs zwischen Bewerbungsverhalten (schriftlicher Form) und den verschiedenen Geburtsjahrgangsgruppen	80
Tab. 7.14	Kreuztabelle zu Abschlussstatus und Mitarbeitergruppe	82

Einleitung

Unsere Gesellschaft entwickelt sich kontinuierlich weiter. Im Rahmen dieses fortdauernden Wandels ändern sich folglich auch Motive und Bedürfnisse. So sind heute Schlagworte wie Selbstoptimierung, New Work oder Diversity aus dem täglichen Leben nicht mehr wegzudenken. Dieses Phänomen zeigt sich gegenwärtig auch auf dem Arbeitsmarkt. Daneben stellt die demografische Entwicklung Unternehmen aus sämtlichen Wirtschaftszweigen vor neue Herausforderungen. Betrachtet man die zunehmende Alterung der Gesamtbevölkerung, wie auch die Prognosen zu stetig sinkenden Geburtenraten, so könnte dies im Jahr 2030 für den Standort Deutschland einen Mangel an etwa 6 Mio. ausgebildeten Fachkräften im erwerbsfähigen Alter bedeuten (Schuett, 2014, S. 2 f.)

Im Jahr 2024 kämpfen 8 von 10 deutschen Unternehmen mit nicht besetzten Stellen (MPG, 2024). Die Personalproblematik in Firmen hat sich in den letzten zehn Jahren mehr als verdoppelt. In Japan sind es sogar 8,5 Unternehmen. Schlusslicht mit einer Quote von 5,9 bildet Finnland. Im internationalen Vergleich belegt die Bundesrepublik nach Japan Platz 2 und liegt damit über dem globalen Durchschnitt von 7,5. In Deutschland herrscht der größte Mangel an Fachkräften demnach im Konsumgüter- und Dienstleistungsbereich, sowie auf dem Gesundheitsmarkt (MPG, 2024).

Beeinflusst durch sogenannte „Megatrends" werden Unternehmen zu einem grundsätzlichen Umdenken bewogen (Stangel-Meseke et al., 2013, S. 145). Themen wie New Work, also das neue Verständnis von Arbeit im Kontext der Globalisierung und Digitalisierung, sind dabei richtungsweisend. Ein weiterer Megatrend, Female Shift, fordert die kontinuierliche Auflösung der einst traditionellen Geschlechterrollen im Familien- als auch Berufskontext. Derart gesellschaftliche Veränderungstrends bedeuten für den Arbeitsmarkt die Identifizierung passender Lösungsansätze. Darüber hinaus müssen in Unternehmen neue Strukturen geschaffen werden, die wiederum veränderte Anforderungen an das Personalmanagement mit sich bringen (Zukunftsinstitut, 2024).

Betrachtet man ganz allgemein das Personalmanagement, so lassen sich strategische, taktische und operative Aufgaben definieren. Die Personalentwicklung und das Recruiting, also die Beschaffung bzw. Einstellung von neuen Mitarbeitenden, sind zuletzt zwei zentrale Bestandteile (siehe Kap. 2). Die dabei entstehenden Prozesse wirken ineinander. So kann eine erfolgreiche Personalentwicklung beispielsweise durch aktive Weiterempfehlung des Bestandspersonals zu einer positiven Rekrutierung im Unternehmen führen (Bointner, 2013, S. 107).

Employer Branding ist eines der Schlagworte und subsumiert dabei zwei inhaltliche Schwerpunkte, das Employer Brand Management und die „Arbeitgebermarke" (siehe Abschn. 2.5). Letztere lässt sich sowohl aus dem Blickwinkel der Unternehmens- als auch der Arbeitgeberseite betrachten. Gerade im Recruiting hat dies eine starke Wirkung auf den Akquirierungsprozess (Melde & Benz, 2014, S. 8; Kolb, 2010, S. 89 ff.).

Darüber hinaus können sich dem Personalmanagement bereits jetzt mit dem Einsatz künstlicher Intelligenz (KI) neue Möglichkeiten in der Rekrutierung eröffnen (siehe Abschn. 2.7). Es geht u. a. um Chatbots, also Computeragenten, mit der Fähigkeit zur intelligenten und intuitiven Mensch-Maschine-Kommunikation. Ferner unterstützen KI-gestützte Tools in der Erstellung von Stellenanzeigen, und gehen dabei automatisiert zielgruppenspezifisch und suchmaschinenoptimiert vor (Wilke & Bendel, 2022, S. 648).

Im Zuge der Verknappung an qualifizierten Arbeitskräften erweist sich nach Wirtschaftsprüfungsgesellschaften die Besetzung von vakanten Stellen, insbesondere im Gesundheitsbereich, oftmals als langwieriges und aufwendiges Verfahren oder endet letztlich erfolglos (PwC, 2022).

Die Zahl der Auszubildenden bzw. Absolventen in anerkannten Gesundheitsberufen, wie beispielsweise im Pflegedienst oder der Physiotherapie, stagnieren (Rappold & Juraszovich, 2019, S. 13). Im Jahr 2030 sollen allein im Pflegebereich etwa 3.280.000 Vollzeitstellen unbesetzt bleiben (Burkhart et al., 2012, S. 8 ff.). Auch Prognosen zu Engpässen in der medizinischen Versorgung sind alarmierend. Hier wird ein Defizit von bis zu 76.000 fehlenden Ärzten vermutet. Demzufolge würde spätestens im Jahr 2030 etwa ein Drittel an Arbeitskräften in Deutschland fehlen, um den tatsächlichen Personalbedarf im Gesundheitsmarkt zu decken.

Der Gesundheitsmarkt in Deutschland ist in seiner Gesamtheit vielfältigen Einflüssen ausgesetzt, beispielsweise durch die Globalwirtschaft oder die Regularien der Europäischen Union. Ähnlich einem „normalen Markt" werden Güter von Angebot und Nachfrage bestimmt, im weiteren Sinne Leistungen, die der Wiederherstellung, Erhaltung oder Verbesserung der Gesundheit dienen. Primäres Ziel der marktbeteiligten Akteure ist folglich die Abdeckung der Nachfrage nach entsprechenden Gesundheitsgütern (Penter & Augurzky, 2014, S. 5 f.).

Allgemein lassen sich im Gesundheitsmarkt zwei Teilmärkte erkennen. In Abgrenzung zum ersten, dessen Güter und Leistungen über die Versicherung der gesetzlichen oder privaten Krankenkassen finanziert werden, schließt der zweite Gesundheitsmarkt sämtliche Produkte und Dienstleistungen ein, wie beispielsweise freiverkäufliche Arzneimittel oder Sport- und Wellnessartikel mit Gesundheitsbezug (BMG, 2024). Ein erhöhter Bedarf an gesundheitsorientierten Bewegungs-, Ernährungs- und Entspannungskonzepten ist zu beobachten, welcher mit der kontinuierlichen Weiterentwicklung des kollektiven Präventionsbewusstsein einhergeht. So ist es nur verständlich, dass eine stetige Ausdifferenzierung des Leistungsspektrums zu beobachten ist (Mazzucco et al., 2017, S. 6 f.). Das zeigt sich auch daran, dass allein in Fitnessstudios im Jahr 2023 etwa 11,3 Mio. Menschen trainierten (DSSV, 2024). Dies bedeutet im Vergleich zu den Mitgliedszahlen von 1980 einen Anstieg um das 32-fache (Kamberovic & Hase, 1994, S. 12).

Mit der wachsenden Nachfrage nach Präventions- und Gesundheitsangeboten, steigt auch der Bedarf an Fitnessanbietern, die als Akteure im zweiten Gesundheitsmarkt agieren (siehe Kap. 3). So waren Ende 2019 etwa 217.400 Beschäftigte im Fitnessmarkt (DSSV, 2022) und insgesamt im Jahr 2021 rund 7,7 Mio. Menschen auf dem Gesundheitsmarkt tätig. Demzufolge wäre jeder sechste Erwerbstätige in Deutschland in diesem Wirtschaftszweig beschäftigt (BMWK, 2022).

Laut dem Report der Deutschen Industrie- und Handelskammer (DIHK) zur Gesundheitswirtschaft 2023 rückt der Fachkräftemangel im Markt wieder stärker in den Fokus. Die Sorge, in Zukunft nicht ausreichend kompetentes Personal zu finden, wird laut des Bundesgesundheitsministeriums (2024) als großes Risiko gesehen. Die Schaffung einer ausgewogenen Work-Life-Balance, das Gleichgewicht von Beruf und Familie, bildet hierbei einen zentralen Aspekt. So sind es die oftmals vergleichsweise geringe Entlohnung und belastende Rahmenbedingungen, insbesondere in Krankenhäusern und Pflegeheimen, die Fachkräfte zur beruflichen Veränderung veranlassen. Darüber hinaus nehmen Absolventen immer häufiger schon keine Anstellung aus ihrem ursprünglichen Ausbildungsbereich an, oder geben diese aus soeben genannten Gründen frühzeitig wieder auf. Auch die Reduzierung auf Teilzeit lässt vorhandene Kapazitäten nicht umfänglich ausschöpfen. Dies hat weitreichende Folgen für die allgemeine Gesundheitsversorgung, insbesondere, wenn es nicht gelingen sollte, Arbeitsplätze im Gesundheitsbereich wieder attraktiver werden zu lassen (Burkhart et al., 2012, S. 10).

Die daraus abgeleiteten Schlüsselfragen, die sich Gesellschaft, Politik und Gesundheitsmarkt deshalb zukünftig detaillierter stellen sollten, wären somit: Wie können im Wettbewerb um Fachkräfte weitere Abwanderungswellen nachhaltig entgegengewirkt werden? Inwieweit können allgemein Personalmanagement und Rekrutierungsprozesse dabei unterstützen? Welche Bedeutung spielen in diesem Zusammenhang das Employer Branding und die eigene Arbeitgebermarke? Und schließlich: Sind Anpassung von Arbeitszeit und -organisation oder auch, wenn möglich, die Flexibilisierung des Arbeitsortes denkbare Erste-Hilfe-Maßnahmen (Rottmann & Witte, 2019, S. 52)?

Voraussetzung für die Umsetzung dieser Fragen ist die Bereitschaft zur Veränderung. Wenn diese gegeben ist, dann können bedarfsspezifische Analysen den einzelnen Fitness- und Gesundheitsunternehmen im Markt helfen, genaue Handlungsstrategien zur Steigerung des Zufriedenheits- bzw. Bindungsgrades ihrer Mitarbeitenden zu entwickeln und diese letztlich in der Praxis umzusetzen. Anhand einer konkreten periodischen Erfassung können Schwankungen bzw. Veränderungen im Mitarbeiterverhalten unmittelbar identifiziert werden (Niewert & Thiele, 2014, S. 63).

Das vorliegende Buchprojekt möchte einen aktuellen Einblick in das komplexe Bedeutungsfeld „Recruiting im Fitness- und Gesundheitsmarkt" geben. Es umfasst eine Bestandsaufnahme der gegenwärtig relevanten Aspekte in der Personalbeschaffung. Um diese tiefer gehend durchleuchten zu können, wurden eigens für das Buch primäre Daten gesammelt, in Form einer Bedarfsanalyse und mittels deskriptiver Statistik aufbereitet, sodass aufgezeigt werden konnte, inwieweit erste Impulse zu neuen Maßnahmen im Rahmen des Rekrutierungsprozesses von Fitness- und Gesundheitsanbietern zukünftig ihren Einsatz finden.

Zur Beantwortung dieser Fragestellung stand leitend folgende Forschungsfrage über der Datenerhebung: Wie lassen sich relevante Aspekte des Recruiting aus der Perspektive von Fach,- Nachwuchs- und Führungskräften in den derzeitigen Status Quo im Fitness- und Gesundheitsmarkt einordnen?

In Teil I werden nun zunächst theoretisch relevante Grundlagen und bisher gewonnene Erkenntnisse näher beleuchtet. In Teil II rückt die Befragung von Experten aus dem Fitness- und Gesundheitsmarkt in den Vordergrund. Innerhalb der Kapitel werden das methodische Vorgehen, der Entwicklungsprozess und die Ergebnisse der Erhebung statistisch aufbereitet, dargestellt und diskutiert. Teil III des Buches widmet sich der kritischen Auseinandersetzung mit den Ergebnissen aus der Befragung der Fach-, Nachwuchs- und Führungskräfte. Im Anschluss daran werden geeignete Strategien formuliert und konkrete Handlungsempfehlungen abgeleitet, die darauf abzielen, die Rekrutierungsprozesse für Unternehmen im Fitness- und Gesundheitsmarkt zu optimieren. Strukturierte Checklisten zur direkten Umsetzung in die Praxis runden das vorliegende Buch ab.

Literatur

BMG – Bundesministerium für Gesundheit. (2024). *Gesundheitswirtschaft im Überblick*. https://www.bundesgesundheitsministerium.de/themen/gesundheitswesen/gesundheitswirtschaft/gesundheitswirtschaft-im-ueberblick.html. Zugegriffen am 05.08.2024

BMWK – Bundesministerium für Wirtschaft und Klimaschutz. (2022). *Gesundheitswirtschaft*. https://www.bmwk.de/Redaktion/DE/Textsammlungen/Branchenfokus/Wirtschaft/branchenfokus-gesundheitswirtschaft.html. Zugegriffen am 05.08.2024

Bointner, K. (2013). Strategische Personalentwicklung in Einrichtungen der Altenbetreuung und -pflege als Erfolgsfaktor. In B. Nöbauer (Hrsg.), *Personalmanagement in der Altenbetreuung. Mitarbeiter*innen gewinnen und entwickeln* (S. 105–126). Wagner.

Burkhart, M., Ostwald, D. A., & Ehrhard, T. (2012). *112 – und niemand hilft*. PricewaterhouseCoopers AG Wirtschaftsprüfungsgesellschaft (PwC).

DSSV e.V. – Deutscher Sportstudio Verband e.V. (Hrsg.) (2022). Eckdaten 2022. Branchendaten der Fitness/Wellness/Racket-Anlagen in Deutschland.

DSSV e.V. – Deutscher Sportstudio Verband e.V. (Hrsg.). (2024). *Eckdaten 2024. Branchendaten der Fitness/Wellness/Racket-Anlagen in Deutschland*. https://www.dssv.de/eckdatenstudie-2024/. Zugegriffen am 15.08.2024.

Kamberovic, R., & Hase, T. (1994). *Fitness und Profit: Das Fachbuch für Betreiber von Freizeitanlagen und Existenzgründer*. SSV Verlag.

Kolb, M. (2010). *Personalmanagement. Grundlagen und Praxis des Human Resources Managements* (3. Aufl.). Springer/Gabler/Springer Fachmedien Wiesbaden GmbH.

Mazzucco, B., Jung, H. H., & Kraft, P. (2017). *Auswirkungen der digitalen Transformation auf die Fitnessbranche in Deutschland*. Munich Business School Working Paper, 2017-06. https://www.munich-business-school.de/fileadmin/MBS_Daten/Dateien/Working_Papers/MBS-WP-2017-06.pdf. Zugegriffen am 23.05.2019

Melde, A., & Benz, M. (2014). *Employer Branding in Wissenschaft und Praxis*. Fraunhofer Moez.

MPG – Manpowergroup. (2024). *MPG-Studie: Fachkräftemangel. Ergebnisse Deutschland*. https://www.manpowergroup.de/de/insights/studien-und-research/studien/2024/01/08/14/07/mpg-studie-fachkraeftemangel-2024. Zugegriffen am 02.08.2024

Niewert, B., & Thiele, H. (2014). *Praxishandbuch Kundenzufriedenheit: Grundlagen – Messverfahren – Managementinstrumente* (Management und Wirtschaft Praxis, Band 80). Erich Schmidt Verlag GmbH & Co.

Penter, V., & Augurzky, B. (Hrsg.). (2014). *Gesundheitswesen für Praktiker. System, Akteure, Perspektiven*. Springer/Springer Fachmedien Wiesbaden GmbH.

PwC – PricewaterhouseCoopers. (2022). *Fachkräftemangel im deutschen Gesundheitswesen 2022*. https://www.pwc.de/de/gesundheitswesen-und-pharma/fachkraeftemangel-im-deutschen-gesundheitswesen-2022.html. Zugegriffen am 03.08.2024

Rappold, E., & Juraszovich, B. (2019). *Pflegepersonal-Bedarfsprognose für Österreich*. Bundesministerium für Arbeit, Soziales, Gesundheit und Konsumentenschutz. https://www.sozialministerium.at/dam/jcr:2cae51d2-2ee9-48af-84b9-f72266f56f28/Pflegepersonalprognose%202030%20-%20Langfassung.pdf. Zugegriffen am 26.03.2020

Rottmann, L., & Witte, D. (2019). *Mitarbeiter (ein)binden und gewinnen. Nachhaltige Strukturen für Seniorenheime zur Steigerung der Arbeitgeberattraktivität*. Springer.

Schuett, S. (2014). *Führung im demografischen Wandel. Ein Leitfaden für Führungskräfte und Personalmanager*. Springer/Springer Fachmedien Wiesbaden GmbH.

Stangel-Meseke, M., Hahn, P., & Steuer, L. (2013). Balance durch Diversity Management: Lösungsansätze für unternehmerische Herausforderungen aus Megatrends. In R. Lanwehr, M. Müller-Lindenberg, & D. Mai (Hrsg.), *Balance Management. Vom erfolgreichen Umgang mit gegensätzlichen Zielen* (S. 145–166). Springer Gabler.

Wilke, G., & Bendel, O. (2022). KI-gestütztes Recruiting – technische Grundlagen, wirtschaftliche Chancen und Risiken sowie ethische und soziale Herausforderungen. *HMD, 59*, 647–666. https://doi.org/10.1365/s40702-022-00849-w. Zugegriffen am 04.08.2024

Zukunftsinstitut. (2024). *Die Megatrends*. https://www.zukunftsinstitut.de/zukunftsthemen/megatrends. Zugegriffen am 10.08.2024

Teil I
Theoretische Hintergründe

2 Recruiting: Die wesentlichen Elemente der Personalbeschaffung

Um einen ersten tiefer gehenden Einblick zu erhalten, werden in diesem Kapitel die grundlegenden thematischen Bausteine des Recruitings betrachtet. Zunächst erfolgt die Einführung der vier grundlegenden Phasen der Personalbeschaffung. Im weiteren Verlauf werden drei mögliche Rekrutierungsinstrumente vorgestellt. Dabei stehen Inhalte aus dem „Employer Branding", insbesondere die Arbeitgebermarke, sowie die Bereiche „Social Media" und „Künstliche Intelligenz" im Vordergrund. Den Abschluss des vorliegenden Kapitels bildet die Thematik um die Bedeutung generationsspezifischer Unterschiede im Recruiting.

Auch im Jahr 2024 wird auf dem Gesundheitsmarkt um die bestausgebildeten Nachwuchskräfte gekämpft. Seit 2011 ist hier die Zahl offener Stellen von rund 40.000 auf über 57.000 im Jahr 2021 angewachsen (Seyda et al., 2021, S. 1). In diesem Zusammenhang spricht man von einem „War for Talents", dem „Krieg um Talente". Im Fokus steht dabei die Fachkraft als Wirtschaftsfaktor (Rottmann & Witte, 2019, S. 2). Somit gewinnt im Wettbewerb um qualifizierte Mitarbeitende der Prozess der Personalbeschaffung bzw. Rekrutierung immer mehr an Bedeutung. Professionalität und Systematik spielen dabei eine entscheidende Rolle (Scholz, 2003, S. 27 ff.).

In Zeiten des Fachkräftemangels verlagern sich aufgrund erhöhten Arbeitsdrucks Schwerpunkte in der Personalbeschaffung. Die Identifizierung und Erschließung neuer Beschäftigungsgruppen, wie beispielsweise Arbeitskräfte gezielt im Ausland abzuwerben, rücken vor allem bei großen Gesundheitsunternehmen stärker in den Rekrutierungsblickwinkel (Nöbauer, 2013, S. 78).

Kernaufgaben im Recruiting erstrecken sich von der Konzeption von Anforderungsprofilen über die Durchführung bedarfsspezifischer Werbungs- und Auswahlverfahren bis hin zum Onboarding, welches die systematische Einarbeitung und Integration von neuen

Mitarbeitenden beschreibt. Die bei der Personalbeschaffung verwendete Vorgehensweise kann in folgende vier Phasen gegliedert werden (Scholz, 2014, S. 528 ff.):

1. Personallokalisation
2. Personalakquisition
3. Personalselektion
4. Personalintegration

2.1 Personallokalisation

In der ersten Phase des Einstellungsprozesses steht das Personalmanagement vor der Aufgabe, passende Rekrutierungswege und potenzielle Beschaffungsmärkte zu identifizieren. Die Schlüsselfrage ist dabei: Wo und wie können die bestmöglichen Mitarbeitenden für das Unternehmen gefunden werden?

Prinzipiell kann entweder intern, also aus dem eigenen Unternehmen, oder extern rekrutiert werden. Wenn ein Arbeitsplatz besetzt werden soll, so liegt zunächst die interne Lösung nahe. Vorteile auf Unternehmensseite sind u. a. geringere Werbungskosten. Auch das Risiko einer Personalfehlentscheidung sinkt (Huber, 2018, S. 90; Weuster, 2012, S. 71). Der „Neuling" wird im Gegenzug in die Personalpolitik eingebunden, ist mit Unternehmensstrukturen vertraut und benötigt voraussichtlich kürzere Einarbeitungszeiten. Für interne Besetzungen können Mitarbeiterportale wie Intranet, E-Mailverteiler oder sonstige intern genutzte Medien herangezogen werden (Hentze & Kammel, 2001, S. 265).

Für welche Beschaffungsmaßnahme sich ein Unternehmen schließlich entscheidet, ist u. a. von der Dringlichkeit der Stellenbesetzung abhängig. Weitere Einflussfaktoren sind verfügbares Werbebudget und die Qualifikationsanforderungen an die zu vergebende Position (Nicolai, 2014, S. 79). Innerhalb der externen Personalbeschaffung wird zwischen drei Möglichkeiten unterschieden (Huber, 2018, S. 88):

(1) Passive Personalbeschaffung: Sie kommt bei eher geringer Dringlichkeit zum Einsatz. Kennzeichen sind die Mithilfe von externen Arbeitsvermittlungen. Intern wird beispielsweise auf Initiativbewerbungen zurückgegriffen.
(2) Aktive Personalbeschaffung: Es besteht höhere Besetzungsdringlichkeit. Kennzeichen sind die Verwendung von Online- und Printmedien. Daneben können Personalberatungen und Hochschulkooperationen bei der Rekrutierung unterstützen.
(3) Interaktive Personalbeschaffung: Reines Online bzw. E-Recruiting. Für die Aktivierung der Generationen Y und Z, den sogenannten „Digital Natives", „digitale Eingeborene", bietet sich die Form besonders an, beispielsweise durch gezieltes Social-Media-Recruiting (siehe Abschn. 2.6 und 5.3).

Der Generation Z, auch Zoomer genannt, werden die Geburtsjahrgänge zwischen 1995 und 2010 zugeschrieben. Ihre Vorgänger, die Generation Y, auch als Millennials bekannt, ordnen sich in die Geburtsjahre von 1980 bis 1994 ein. Mit Markteinführung des iPhones im Jahr 2007 zeigen vor allem „Zoomer" und „Millennials" eine „natürliche" digitale Affinität, da sie bereits in jungen Jahren mit Internet und Smartphone in Berührung kamen. Auf die Generation Z folgt alpha. Diese beginnt mit dem Geburtsjahrgang 2010. Eine absolut klare Abgrenzung ist in dem Zusammenhang nicht möglich, da die Übergänge der Generationen fließend sind (Schnetzer et al., 2023).

Betrachtet man den Rekrutierungsprozess im Allgemeinen und branchenunabhängig, so benötigen Kandidierende im Schnitt 25 Bewerbungen, um ein Jobangebot zu erhalten. Davon ausgehend versenden 30 % bis zu fünf Bewerbungen, um erfolgreich zu sein. Hingegen sind es über 47 % der Arbeitssuchenden, die zwischen sechs und 25 Anschreiben abschicken. Jeder zehnte Kandidierende schreibt über 50 Bewerbungen, um letztlich ein Stellenangebot zu bekommen (Weitzel et al., 2017, S. 5).

Im Anschluss an die Personallokalisation folgt als zweiter Prozessschritt die Akquirierungsphase. Hier wird sich auf die Anwerbung neuer Mitarbeitender fokussiert (Holtbrügge, 2013, S. 107).

2.2 Personalakquisition

Damit gezielt und bedarfsorientiert neues Personal geworben werden kann, stellen sich die Verantwortlichen im Personalmanagement folgende Schlüsselfrage: Wie können relevante Arbeitskräfte dazu bewegt werden, sich im Unternehmen zu bewerben?

Eine Möglichkeit kann das sogenannte Active Sourcing, die „aktive Personalakquise" oder „aktive Kandidierendengewinnung", sein (Dannhäuser, 2017, S. 5). Active Sourcing ist eine Personalbeschaffungsmethode, bei der Unternehmen selbst gezielt auf die Suche nach geeigneten Kandidierenden gehen. Die direkte Ansprache erfolgt über verschiedene Kommunikationskanäle, beispielsweise über den eigenen Talentpool, Businessnetzwerke, wie LinkedIn und XING, oder auf entsprechenden Messen. Im digitalen Zeitalter wird zumeist auf die Form des reinen Online- bzw. E-Recruitings zurückgegriffen (Dannhäuser, 2017, S. 5 f.; Eisele, 2003, S. 13 f.). Hierbei können positive Wechselwirkungen entstehen, indem durch die aktive Kontaktaufnahme in den beruflichen sozialen Netzwerken auch mit nur „latent" suchenden Kandidierenden der eigene Talentpool aufgefüllt werden kann. Gerade für Unternehmen, die noch im Aufbau ihrer Marke und Bekanntheit sind, bietet Active Sourcing die Möglichkeit, sich bei potenziellen Mitarbeitenden vorzustellen. Sehr häufig wird diese aktive Methode im Recruiting bei Unternehmen mit einer Beschäftigtenzahl über 500 Mitarbeitenden eingesetzt (Dannhäuser, 2017, S. 5 f).

Im Grundsatz folgt die Personalakquisition bei der Stellenausschreibung der Herangehensweise, wie sie auch im klassischen Marketing zu finden ist. Das Optimum an Kommunikationswirkung gilt hierbei als zentrales Ziel. Im Rahmen des vorliegenden Buches, werden im Folgenden exemplarisch zwei methodische Marketingansätze hervorgehoben und ausschließlich benannt. Zur Vertiefung der Thematik können diese hinzugezogen werden (Meffert, 1998, S. 676 ff.; Scholz & Scholz, 2000, S. 10 ff.):

(1) A-I-D-A. Attention – Interest – Desire – Action
(2) C-U-B-E: Content – Usability – Branding – Emotion

Ziel ist es nun, entsprechend die Wirkungsstufen von AIDA und CUBE auf die jeweilige Stellenausschreibung zu übertragen. Um Lesende dazu motivieren, sich zu bewerben, muss die Stellenanzeige sowohl inhaltlich als auch optisch entsprechend nach den vier Stadien der AIDA- und CUBE-Formel gestaltet werden. Der Ansatz von CUBE diente ursprünglich der Beurteilung von Internetauftritten jeglicher Art, ist inzwischen aber besonders für Karriereseiten konzipiert (Scholz & Scholz, 2000, S. 10 ff.).

Ist die Phase der Personalakquisition abgeschlossen, kann es im Rekrutierungsprozess mit der Selektierung potenzieller Mitarbeitender vorangehen.

2.3 Personalselektion

Bevor nun anschließend die Entscheidung gefällt wird, stehen Analyse der Bewerbungsunterlagen, Gesprächsführungen und Testverfahren auf der Tagesordnung. Üblicherweise stehen für eine zu besetzende Stelle mehrere Kandidierende zur Verfügung. Folgende Schlüsselfrage stellen sich nun die Personalverantwortlichen: Wie kann der „optimale" Mitarbeitenden herausgefunden werden?

Die entscheidungsrelevanten Informationen liegen in der Hauptsache im beruflichen Werdegang der Kandidierenden sowie deren persönlichen Stärken und Schwächen. Daneben werden Kenntnisse über Markt und Branche abgefragt. Abschließend ist das Fähigkeitsprofil im Vergleich zum Anforderungsprofil der offenen Position zu bewerten. Es wird in zwei Schritten selektiert:

1. Vorauswahl bzw. Screening: In dieser Phase werden die in Frage kommenden Mitarbeitenden anhand Ihrer Bewerbungsunterlagen vorselektiert.
2. Hauptauswahl: Hier wird nach Durchführung von Vorstellungsgespräch(en) und Einstellungstest(s) die Entscheidung über den „optimalen" Mitarbeitenden getroffen.

In diesem Zusammenhang gilt der Grundsatz: Es ist nicht alles erlaubt, was möglich ist. Auf Bewerberselektion und Einstellungsinterviews bezieht sich eine Reihe von gesetzlichen Vorschriften. Sie reichen von Vorschriften zum Erstellen von Auswahlrichtlinien bis hin zur Unzulässigkeit von „persönlichen" Fragen. Bewerberselektion bedeutet Anwenden von Auswahlrichtlinien. Hierfür gibt es ein Mitbestimmungsrecht des Betriebsrats (vgl. § 95 I BetrVG), sofern der Bewerbende (vgl. § 5 BetrVG) unter dieses Gesetz fällt. In Betrieben mit mehr als 500 Mitarbeitenden kann der Betriebsrat die Aufstellung von Auswahlrichtlinien im Hinblick auf fachliche, persönliche und soziale Gesichtspunkte verlangen (vgl. § 95 II BetrVG) (Hentze & Kammel, 2001, S. 298 ff.).

Der nächste Schritt im Rekrutierungsverfahren beinhaltet die Personalintegration. Diese schließt den Prozess der Personalbeschaffung ab.

2.4 Personalintegration

Die letzte Phase im Prozess der Personalbeschaffung ist die Eingliederung neuer Mitarbeitender in die Organisationsformen des Unternehmens. Bestehende Strukturen und künftige Arbeitsinhalte werden im Rahmen des Onboardings bekannt gemacht. Hier liegt auch die Schlüsselfrage für das Personalmanagement: Wie können die „Newbies", bzw. die „Neuen", bestmöglich in den Unternehmensablauf integriert werden?

Unzureichende Informationstransparenz kann sich schnell demotivierend auswirken. Besonders bei qualifizierten Fach- und Führungskräften besteht die Gefahr der frühzeitigen Fluktuation (Meier, 2007, S. 35 ff.). Daher muss im Vorfeld beidseitig Einigung über die relevanten Aspekte des Arbeitsvertrages bestehen. Festzulegen sind insbesondere das genaue Gehalt, Arbeits- und Urlaubszeiten als auch Zusatz- und Sozialleistungen wie beispielsweise sowohl gesundheitsförderliche oder vermögenswirksame Leistungen als auch eine betriebliche Altersvorsorge. Nach der Eingliederung in die Arbeitsprozesse können „neue" Mitarbeitende durch Mentoren und in Follow-up-Seminaren begleitet und verstärkt in informelle Aktivitäten einbezogen werden. Art und Ausmaß der einführenden Maßnahmen hängen dabei nicht zuletzt von der Position ab.

2.5 Employer Branding: Die Arbeitgebermarke als Rekrutierungsinstrument

Während das Personalmanagement in erster Linie für Rekrutierung und die Personalentwicklung zuständig ist, subsumiert der Bereich Employer Branding zwei inhaltliche Schwerpunkte, das Employer Brand Management und die „Arbeitgebermarke" (vgl. Abb. 2.1). Letztere lässt sich sowohl aus dem Blickwinkel der Unternehmens- als auch der Arbeitgeberseite betrachten. Gerade im Rekrutierungsprozess hat dies eine starke Wirkung auf die personalentsprechenden Akquirierungsmaßnahmen (Melde & Benz, 2014, S. 8; Kolb, 2010, S. 89 ff.).

Basierend auf den Ausführungen von Kriegler (2012) zeigt der in Abb. 2.1 dargestellte Überblick die unterschiedlichen Wirkungsbereiche im Employer Branding (Melde & Benz, 2014, S. 8).

Neben Strategien zur Personalrekrutierung zielt der Aufbau bzw. die Herausarbeitung der Arbeitgebermarke auf die Bereiche Mitarbeiterbindung und -entwicklung ab. Bezogen auf die vorliegende Thematik dieser Arbeit werden in Abschn. 5.4 die im Fitness- und Gesundheitsmarkt (vgl. Abschn. 4.1 und 4.2) spezifisch angewendeten Employer-Branding-Strategien behandelt.

Betrachtet man allgemein Aktivitäten und Maßnahmen zur Steigerung der Arbeitgeberattraktivität, so nehmen die Starkung emotionaler Faktoren wie Wertschätzung, eine offene Kommunikations- und Feedbackkultur oder auch die Entwicklung eines „Wir-Gefühls" einen positiven Einfluss auf die drei Arbeitsfelder „Rekrutierung", „Mitarbeiterbindung" und „Mitarbeiterentwicklung" (vgl. Abb. 2.1).

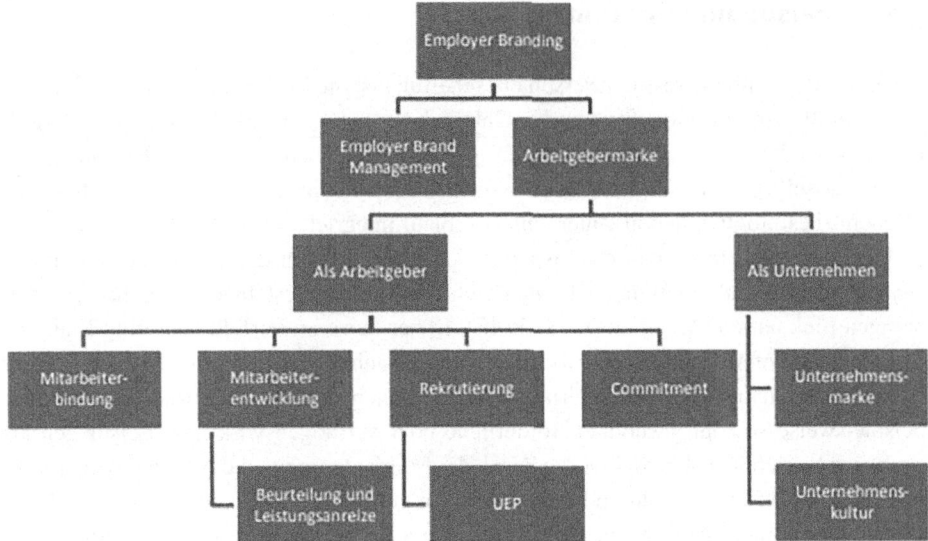

Abb. 2.1 Employer Branding und seine untergeordneten Wirkungsbereiche. (Eigene Darstellung basierend auf Kriegler, 2012)

Da es sich im Employer Branding auch um einen Prozess der Identitäts- und Organisationsentwicklung handelt, sollte daher die „Marke" stark mit der Unternehmenskultur verwurzelt sein. Vorrangige Ziele sind neben der Stärkung der Marktposition Langlebigkeit und Trendbeständigkeit sowie die nachhaltige Steigerung der Unternehmens- bzw. Arbeitgeberattraktivität (Bartscher & Nissen, 2017, S. 360). Die Umsetzung der entsprechenden Rahmenbedingungen setzt in Bezug auf die Unternehmenskultur eine starke Mitarbeiterorientierung voraus (Bruhn, 2002, S. 19).

Insbesondere große Unternehmen haben erkannt, dass die starke Positionierung der eigenen Arbeitgebermarke auf dem Markt von enormer Bedeutung im Kampf gegen den Fachkräftemangel sein kann. So dienen Markenaktivitäten wie das Angebot von familienfreundlichen Rahmenbedingungen in Form von flexiblen Arbeitszeiten, Kinder- und Ferienbetreuung oder auch adäquaten Vergütungssystemen der schnelleren Besetzungen von vakanten Stellen. Darüber hinaus sind sinkende Krankenstände, eine generell höhere Mitarbeiterzufriedenheit und -bindung positiv zu verbuchen (Melde & Benz, 2014, S. 16 ff.; Loffing & Loffing, 2010, S. 41 ff.).

Um dem Anspruch solcher Erfolge langfristig gerecht zu werden, ist es für die Unternehmenspraxis von Vorteil, das Personalmarketing zur Strategieumsetzung als operatives Instrument im Rekrutierungsprozess zu integrieren. Im Sinne des Personalmarketings wiederum liegt in der Verbindung zum Employer Branding ein weiteres Ziel darin, beispielsweise ausscheidende Mitarbeitende als positive Markenbotschafter zu gewinnen. Diese können das Unternehmen von einer menschlich emotionalen Seite nach außen präsentieren. Voraussetzung dafür ist auch eine nach deren Weggang gegenseitig wertschätzende Beziehungsebene (Nöbauer, 2013, S. 94).

Nach Nöbauer (2013) kann der Employer-Branding-Prozess in vier Phasen unterteilt werden (Nöbauer, 2013. S. 85):

(1) die Definition der Zielgruppe(n),
(2) die Analysephase
(3) die Entwicklung der Strategie
(4) die Umsetzung der Strategie auf dem Arbeitsmarkt

Die erste Phase umfasst den Definierungsprozess der für das Unternehmen relevanten Zielgruppen (Petkovic, 2008, S. 182). Schlüsselfragen sind hierbei: Welche bestimmten Merkmale wie z. B. welche Qualifikationen soll unsere Zielgruppe mitbringen? Welche Arbeitgebermerkmale sind im Gegenzug für unsere definierte Zielgruppe attraktiv (Nöbauer, 2013, S. 86)?

In der zweiten Phase werden sowohl die eigene Position auf dem Arbeitsmarkt als auch die Präferenzen der Zielgruppen analysiert. Bei der Suche nach den eigenen Stärken ist es relevant, bestehende Mitarbeitende in den Prozess miteinzubinden. Schlüsselfragen sind hierbei: Was sind aus der Perspektive der bestehenden Mitarbeitenden die Stärken und Schwächen unseres Unternehmens? Was schätzen unsere eigenen Mitarbeitenden (Nöbauer, 2013, S. 85)? Im Gegensatz zur Eigenanalyse eröffnen sich in der Präferenzidentifizierung der Zielgruppe folgende Schlüsselfragen: Über welche Wege sucht unsere definierte Zielgruppe nach einer Stelle? Welche Merkmale im Hinblick auf ihren Arbeitgeber und Beruf sind ihr besonders wichtig (Trost, 2012, S. 54 f)?

In der dritten und vierten Phase geht es im Employer Branding um die Entwicklung und Umsetzung der Medienstrategie. Zentral ist in diesem Kontext jegliche Art der Kontaktaufnahme mit der Zielgruppe. Relevante Schlüsselfragen sind: Wie steht es um die Kontaktaufnahme unserer definierten Zielgruppen? Sollen Multiplikatoren wie beispielsweise Lehrende aus den Ausbildungsbereichen miteinbezogen werden? Welchen Eindruck erwecken die unternehmenseigenen Kommunikationskanäle bei unserer Zielgruppe (Nöbauer, 2013, S. 93)?

Besonders in der Praxis bedeutet Employer Branding, die Arbeitgebermarke den bestehenden Mitarbeitenden gegenüber transparent und authentisch zu leben. Diese sind mitunter die glaubwürdigsten Markenbotschafter (Nöbauer, 2013, S. 94).

2.6 Social Media: Digitale Medien als Rekrutierungsinstrument

Als Pionier in Deutschland startete im Jahr 2005 die digitale Plattform studiVZ, kurz für Studiverzeichnis, ihre Dienste. Das soziale Netzwerk für Studierende wuchs rasant, bis die Zahl der Nutzer im Jahr 2011 ihren Hohepunkt von ca. 16 Mio. erreichte (social-media-agentur.net, 2024). Social Media steht dabei im Allgemeinen für den interaktiven Austausch von Informationen zwischen Nutzern des Internets mit Hilfe von verschiedensten Plattformen, die auch als Communitywebsites beschrieben werden können. Hierbei kommt es zu einer Vernetzung zwischen den Mitgliedern selbst und darüber hinaus zwischen den Kunden und dem Anbieter (Weinberg, 2014, S. 2).

So spielen soziale Medien auch im Rekrutierungsprozess zunehmend eine bedeutende Rolle. Das Potenzial liegt vor allem darin, dass bestehende Mitarbeitende sowohl in private als auch berufliche Netzwerke eingebettet werden können, und dort als Markenbotschafter des Unternehmens auftreten und im Optimalfall von den vernetzten Kontakten dementsprechend wahrgenommen werden (Nöbauer, 2013, S. 82). In dem Zusammenhang kann ein Hauptziel der sozialen Netzwerkarbeit im Generieren von Bewerbungen begründet sein. Hierbei sollte vor allem der über Social Media veröffentlichte Inhalt entsprechend stark das Arbeitsumfeld und Zusammenspiel der Mitarbeitenden im Team aufgreifen. Gerade haben in diesem Generierungsprozess solche Tätigkeiten eine große und authentische Wirkungsweise, die beim potenziellen Bewerbenden positive Emotionen wie Freude, Stolz oder Überraschung erzeugen. Dies führt dazu, dass derartige Postings allgemein eine höhere Reaktionsquote schaffen und sich tiefer im Betrachtungswinkel der Nutzer verankern. Ein weiterer Vorteil der Werbeschaltung auf Social-Media-Kanälen ist neben dem geringen Aufwand und den vergleichsweisen günstigen Kosten zur „klassischen" Schaltung von Stellenanzeigen vor allem die exakt wählbare Zielgruppe, sodass die Streuverluste auf den verwendeten Plattformen minimal gehalten werden können (Kreis, 2023, S. 87).

Immer häufiger gehen große Unternehmen dazu über, für ihren Karrierebereich eigene Social-Media-Accounts zu betreiben. Dies birgt Vor- und Nachteile: zum einen verstärkt es den Fokus auf die Themen Beruf und Karriere, zum anderen liegt ein Nachteil im zusätzlichen Zeitaufwand. Darüber hinaus haben neben der aufgewendeten Arbeitszeit die im Zusammenhang mit dem Rekrutierungsprozess entstehenden Kosten hohe Relevanz. Hier spielt beispielsweise die Kennzahl CPH (Cost-Per-Hire) eine messbare Rolle. In diesen Wert fließen alle internen und externen Kosten, die bis zur Besetzung einer offenen Stelle entstehen. Diese Kosten liegen meist im vierstelligen Bereich, nicht selten sogar bei bis zu 5000 € oder mehr. Ziel ist es, den CPH durch Social-Media-Arbeit möglichst niedrig zu halten, aber auch realistisch zu analysieren.

2.7 Künstliche Intelligenz: KI-Tools als Rekrutierungsinstrumente

Digitalisierungsprozesse entwickeln sich stetig weiter. So sind auch besonders im Bereich der künstlichen Intelligenz (KI) immer neue Tendenzen zu erkennen. Diese Tatsache nutzen inzwischen verstärkt Unternehmen, um auf bestimmte Anforderungen aus ihren Geschäftsbereichen aufmerksam zu machen und die Vorteile von KI-Anwendungen proaktiv voranzubringen. Beispielsweise im Service, Vertrieb oder Teilen des Marketings findet KI-Technologie bereits ihre Einsatzmöglichkeiten (Sachtleber, 2021, S. 14).

Nach einer Studie von PricewaterhouseCoopers (PwC) aus dem Jahr 2020 glauben 72 % der befragten Führungskräfte, dass künstliche Intelligenz in naher Zukunft erhebliche

2.7 Künstliche Intelligenz: KI-Tools als Rekrutierungsinstrumente

Geschäftsvorteile bieten wird. In einer Umfrage von IBM wiederum gaben 66 % der Geschäftsführenden an, dass KI-Technologien einen signifikanten Wert im Personalmanagement erzielen können. Der große Wert liege ihrer Ansicht nämlich darin, mehr Zeit und Aufmerksamkeit auf die kreativen und menschenbezogenen Aufgaben zu verwenden (Sachtleber, 2021, S. 15).

Die Unterstützung künstlicher Intelligenz im Recruitingprozess bietet dem Personalmanagement neue Möglichkeiten (Wilke & Bendel, 2022, S. 648). KI als Rekrutierungsinstrument wirkt komplementär zur traditionellen, analogen Personalbeschaffung, welche bis Ende der 1990er-Jahre maßgeblich zum Einsatz kam. Stellenanzeigen wurden vornehmlich manuell angefertigt und in entsprechenden Printmedien veröffentlicht. Dabei waren die Ausschreibungskosten verhältnismäßig hoch, die Reichweite dagegen eher gering. Seit etwa 2010 hingegen können beispielsweise Anzeigen durch automatisierte Prozesse aggregiert werden. Darüber hinaus sorgen soziale bzw. professionelle Medien, wie z. B. XING oder LinkedIn, durch den Netzwerkeffekt für einen massiven Anstieg von Bewerbungen pro Stellenausschreibung. Vorteil ist dabei der Werbungskostenfaktor, wogegen sich die Gefahr an Bewerbungen unqualifizierter Personen deutlich erhöht (Wilke & Bendel, 2022, S. 650). In dem Kontext sind diese Abläufe eher Digitalisierungsprozesse und nur selten reine KI-Technologien, die hierbei zum Einsatz kommen. Nach Definition spricht man erst dann von einem Lernprozess der Maschine, wenn die Analyse von großen Datenmengen dazu genutzt wird, selbstständig Ableitungen zu treffen. Ferner muss die Technologie fähig sein, Entscheidungsvorlagen zu entwickeln oder sogar Entscheidungen treffen zu können, aus denen Folgeprozesse abgeleitet werden (medicaltopjobs, 2024).

KI-gestützte Tools und Prozesse differenzieren sich zunehmend aus. Die technischen Möglichkeiten im Recruiting reichen inzwischen von der gezielten Ansprache u. a. zu Alter oder Erfahrungen potenzieller Kandidierender über automatisierte Auswertungen schriftlicher Bewerbungen bis hin zu Vorauswahlgesprächen mit Chatbots wie ChatGPT und Gemini, also Computeragenten mit der Fähigkeit intelligente und intuitive Mensch-Maschine-Kommunikation zu führen (medicaltopjobs, 2024).

Ferner ist die maschinelle Analyse von Videobewerbungen zur Bewertung von Softskills wie Selbstvertrauen, Enthusiasmus oder Kommunikationsfähigkeit möglich. Dabei sprechen Recruiter und Bewerbende per Videokonferenz in Echtzeit miteinander. Die Bewerbungsinterviews werden aufgezeichnet und können im Anschluss mit KI-basierten Methoden analysiert werden (Wilke & Bendel, 2022, S. 654).

Durch den Einsatz von KI-basierten Rekrutierungstools entsteht für das Unternehmen Kosteneinsparungspotenzial. Dies zeigt sich u. a. im Prozess der Personalselektion, z. B. mit der Vorauswahl bzw. dem Screening von Bewerbungsunterlagen anhand automatisierter Programme für Textanalysen. Daneben können gegebenenfalls Kosten für professionelle Headhunter eingespart werden. Bezogen auf die Vor(auswahl)gespräche beispielsweise entsteht für das Anlegen entsprechender Datenbanken ein Zeitaufwand. Dieser sollte mit dem eingesparten Kommunikationsaufwand abgewogen werden. Insgesamt kann durch KI-fähige Anwendungen die Zeitspanne von Ansprache bis Einstellung (Time-to-Hire) enorm reduziert werden, was letztlich die Effizienz des Einstellungsprozesses gegenüber manuellem oder digitalem Recruiting steigen lässt (Wilke & Bendel, 2022, S. 656).

Langfristig werden sich durch den Einsatz von künstlicher Intelligenz das Verständnis und die Aufgabenbereiche von Recruitern im Unternehmen verändern. Mit zunehmend technischem Fortschritt könnte sich Fokus auf strategische Tätigkeiten und verstärkter Beurteilung von Soft Skills verschieben. Darüber hinaus sind sowohl ethische als auch rechtliche Überlegungen anzustellen. Im Grundsatz geht es um die Sicherstellung von Datenschutz, Transparenz und Fairness (Wilke & Bendel, 2022, S. 664).

2.8 Die Bedeutung generationsspezifischer Unterschiede im Recruiting

Betrachtet man die gegenwärtigen Möglichkeiten digitalisierter Technologien, so birgt Social Media in Form von unterstützenden Plattformen und Netzwerken im Kontext Recruiting ein erhebliches Potenzial in sich (siehe Abschn. 2.6). Zudem ist das Internet an sich fest in den Alltag integriert. Die Nutzung wird daher auch für Menschen, die nicht mit dem Internet aufgewachsen sind, den sogenannten „Digital Immigrants", immer zuträglicher. Dies gilt insbesondere sowohl für die Generation der „Babyboomer" als auch die Generation X, die Geburtenjahrgänge zwischen 1965 und 1979. Beide Generationsgruppen werden für digitale Anwendungen zunehmend sensibilisiert (Hackfort, 2015, S. 2). Dennoch sind soziale Netzwerke, so auch im beruflichen Kontext, für „Digital Immigrants" (noch) keine Selbstverständlichkeit. Die sogenannten „Babyboomer" umschließen in dem Zusammenhang die Geburtsjahrgänge 1950 bis 1964 (Dannhäuser, 2017, S. 27; Schnetzer et al., 2023).

Eine der Methoden in der „modernen" Personalbeschaffung ist das Social-Media-Recruiting (vgl. Abschn. 2.6 und 5.3). Diese Art der Rekrutierung über soziale Medien oder Businessnetzwerke, wie XING und LinkedIn, wird sowohl aus Unternehmer-, als auch aus Bewerbersicht positiv beurteilt. Gerade im Rekrutierungsprozess von Bewerbenden aus der Generation Y und Z, also die Jahrgänge ab 1980 (vgl. Abschn. 2.1), setzen Personalabteilungen verstärkt auf diese Beschaffungsmethode. Potenzielle Mitarbeitende aus dieser Generation sind im digitalen Zeitalter aufgewachsen und tauschen sich in sämtlichen Angelegenheiten über soziale Netzwerke aus. Sie beeinflussen wesentlich die gesellschaftliche Kommunikation, was auch auf dem Stellenmarkt zu spüren ist (Dannhäuser, 2017, S. 27).

Die Generation X wie auch die der Babyboomer gelten hingegen allgemein als technologisch nicht so versiert wie ihre Nachfolger. So war auch der Berufseinstieg der Geburtenjahrgänge bis 1979 nicht geprägt von digitalen Recruitingprozessen, sondern fand mehr im analogen zwischenmenschlichen Fokus statt. Die Integration im neuen Unternehmen bzw. Arbeitsplatz unterlag im Gegensatz zu heute anderen Mechanismen, wie sie beispielsweise derzeit im Onboarding von neuen Mitarbeitenden mithilfe von digitalen Möglichkeiten eingesetzt werden (Bennett et al., 2012, S. 281). Dennoch sind die systematische Einarbeitung durch Teammitglieder sowie persönliche Feedback- und Entwicklungsgespräche für eine nachhaltige Mitarbeiterbindung, unabhängig ihrer Generationsabstammung, unersetzlich (Mächler, 2020, S. 38 ff.; Schumann, 2021b, S. 84 ff.).

In Bezug auf generationsspezifische Unterschiede gibt die Thematik „Bildung und Lernen" einen weiteren Einblick, inwieweit die Nutzung von digitalen Informationstechnologien bei „Digital Natives" bzw. „Digital Immigrants" miteinbezogen wird. So zeigt sich u. a. die Problematik, dass das Bildungssystem in Deutschland nicht mehr länger für die Generation Z und Folgegeneration alpha aufgrund der schnell wachsenden Techniklandschaft geeignet ist. Durch die fast schon „natürliche" Interaktion mit digitalen und teilweise bereits KI-basierten Technologien werden Denkmuster bei lernenden Kindern dementsprechend angelegt und sind verändert im Gegensatz zu denen der vorangegangenen Generationen, den „Digital Immigrants". Schulkinder von heute können als „native speaker" der digitalen Sprache wie Internet, Computer und Videospiele gesehen werden. Ein entsprechendes Verhalten ist zu denjenigen zu erkennen, die nicht in die digitale Welt hineingeboren wurden und somit andere Denk- und Verarbeitungsstrategien haben, da hier eine andere Sozialisation stattgefunden hat. Dieses Phänomen wird auch als „digital immigrant accent" bezeichnet. Beispiele hierfür sind „das Ausdrucken von Dokumenten um diese zu bearbeiten, anstatt dies am Computer zu tun" oder „jemanden anzurufen, ob die E-Mail auch angekommen ist".

Der Bereich „Generationsspezifische Unterschiede im Social-Media-Recruiting" zeichnet aufgrund unzureichend wissenschaftlicher Ergebnisse in Bezug auf die spezifische Thematik eine wesentliche Problematik und damit eine bestehende Forschungslücke ab. Durch das Fehlen bisheriger, vor allem fundiert gestützter Erkenntnisse in diesem speziellen Themenfeld, können noch keine gültigen Aussagen und dementsprechend Schlussfolgerungen in Bezug auf den Recruitingprozess, insbesondere im Fitness- und Gesundheitsmarkt, gemacht werden. In Rahmen des Buches sollen daher „Digital Natives" und „Digital Immigrants" in Bezug auf E-Rekrutierung bzw. Social-Media-Recruiting Betrachtung finden.

Literatur

Bartscher, T., & Nissen, R. (2017). *Personalmanagement* (Grundlagen, Handlungsfelder, Praxis, 2., akt. Aufl.). Pearson/Pearson Deutschland GmbH.

Bennett, J., Pitt, M., & Price, S. (2012). Understanding the impact of generational issues in the workplace. *Emerald Insight, 30*(7/8), 278–288.

Bruhn, M. (2002). *Integrierte Kundenorientierung: Implementierung einer kundenorientierten Unternehmensführung.* Gabler.

Dannhäuser, R. (2017). *Praxishandbuch Social Media Recruiting. Experten KnowHow/Praxistipps/Rechtshinweise* (3. Aufl.). Springer Gabler.

Eisele, D. (2003). *Online-Bewerbungssysteme in der Personalwirtschaft. Analyse und Gestaltungsmöglichkeiten*. Deutscher Universitäts-Verlag/GWV Fachverlage.

Hackfort, G. (2015). *Digital Fitness. Wachstumsperspektiven für die Fitnessbranche, Lehrgebiet Sportmanagement. Department für Sportwissenschaft*. Universität der Bundeswehr.

Hentze, J., & Kammel, A. (2001). *Personalwirtschaftslehre Teil 1 – Grundlagen, Personalbedarfsermittlung, -beschaffung, -entwicklung und -einsatz* (7., überarb. Aufl.). Haupt UTB.

Holtbrügge, D. (2013). *Personalmanagement* (5. Aufl.). Springer Gabler.

Huber, A. (2018). *Personalmanagement* (Vahlens Kurzlehrbücher, 2., überarb. u. akt. Aufl.). Franz Vahlen.

Kolb, M. (2010). *Personalmanagement. Grundlagen und Praxis des Human Resources Managements* (3. Aufl.). Springer/Gabler/Springer Fachmedien Wiesbaden GmbH.

Kreis, F. (2023). Recruiting und Personalentwicklung im Studio. Nachwuchskräfte finden, fördern und entwickeln. *fitness MANAGEMENT international, 3*(167), 86–88.

Kriegler, W. R. (2012). *Praxishandbuch Employer Branding. Passende Mitarbeiter finden und binden*. Haufe Gruppe.

Loffing, D., & Loffing, C. (2010). *Mitarbeiterbindung ist lernbar. Praxiswissen für Führungskräfte in Gesundheitsfachberufen*. Springer.

Mächler, A. (2020). Traineeprogramme in der Fitness- und Gesundheitsbranche – Führungskräfte von morgen ausbilden. *fitness MANAGEMENT international, 5*(151), 38–41.

Medicaltopjobs. (2024). *Recruiting-Trends 2024 im Gesundheitswesen: Die Rolle von KI-Tools*. https://medicaltopjobs.de/blog/ID2316452-recruiting-mit-ki-2024. Zugegriffen am 08.08.2024

Meffert, H. (1998). *Marketing. Grundlagen marktorientierter Unternehmensführung* (Konzepte-Instrumente-Praxisbeispiele, 8., vollst. neu bearb. u. erw. Aufl.). Gabler.

Meier, R. (2007). *Einführung neuer Mitarbeiter. Fünf Schritte zu einer professionellen Einführung neuer Mitarbeiter*. Gabal.

Melde, A., & Benz, M. (2014). *Employer Branding in Wissenschaft und Praxis*. Fraunhofer Moez.

Nicolai, C. (2014). *Personalmanagement*. UTB.

Nöbauer, B. (2013). Personalsuche und -auswahl in der Altenbetreuung und -pflege. In B. Nöbauer (Hrsg.), *Personalmanagement in der Altenbetreuung. Mitarbeiter*innen gewinnen und entwickeln* (S. 77–94). Wagner.

Petkovic, M. (2008). *Employer Branding. Ein markenpolitischer Ansatz zur Schaffung von Präferenzen bei der Arbeitgeberwahl*. Rainer Hampp Verlag.

Rottmann, L. & Witte, D. (2019): *Mitarbeiter (ein)binden und gewinnen. Nachhaltige Strukturen für Seniorenheime zur Steigerung der Arbeitgeberattraktivität* (1. Aufl.). Springer.

Sachtleber, J. (2021). *Digitalisierung und Artificial Intelligence als Zukunftsthemen im HR-Management* (S. 11–21). Leykam Buchverlagsgesellschaft m.b.H. Nfg. & Co. KG.

Schnetzer, S., Hampel, K., & Hurrelmann, K. (2023). *Jugend in Deutschland – Trendstudie 2023 mit Generationenvergleich*. Datajockey Verlag.

Scholz, C. (2003). *Spieler ohne Stammplatzgarantie. Darwiportunismus in der neuen Arbeitswelt*. Wiley-VCH.

Scholz, C. (2014). *Personalmanagement. Informationsorientierte und verhaltenstheoretische Grundlagen* (6., neubearb. u. erw. Aufl.). Vahlen.

Scholz, C., & Scholz, S. C. (2000). Personal-Websites im Test. *Personalwirtschaft, 2*(2002), 10–12.

Schumann, O. (2021b). Wie Sie Mitarbeiter erfolgreich an „Board" holen – Erfolgspotenzial Onboarding. *fitness MANAGEMENT international, 1*(153), 84–96.

Seyda, S., Köppen, R., & Hickmann, H. (2021). *Pflegeberufe besonders vom Fachkräftemangel betroffen* (S. 1–6). KOFA Kompakt. Kompetenzzentrum Fachkräftesicherung (KOFA).

Trost, A. (2012). *Talent Relationship Management. Personalgewinnung in Zeiten des Fachkräftemangels*. Springer.

Weinberg, T. (2014). *Social Media Marketing – Strategien für Twitter.* Facebook & Co. O'Reilly.

Weitzel, T., Laumer, S., Maier, C., Oehlhorn, C., Wirth, J., & Weinert, C. (2017). *Active Sourcing und Social Recruiting. Ausgewählte Ergebnisse der Recruiting Trends 2017.* Otto-Friedrich-Universität Bamberg. In Auftrag gegeben von Marc Irmisch-Petit Monster Worldwide Deutschland GmbH.

Wilke, G., & Bendel, O. (2022). KI-gestütztes Recruiting – technische Grundlagen, wirtschaftliche Chancen und Risiken sowie ethische und soziale Herausforderungen. HMD, 59, 647–666. https://doi.org/10.1365/s40702-022-00849-w. Zugegriffen am 04.08.2024.

Weuster, A. (2012). *Personalauswahl I. Internationale Forschungsergebnisse zu Anforderungsprofil, Bewerbersuche, Vorauswahl, Vorstellungsgespräch und Referenzen* (3. Aufl.). Springer Gabler.

„Fitness" und „Gesundheit": Begriffswurzeln und Schnittstellen 3

In diesem Kapitel werden zunächst die Wurzeln und historischen Einflüsse der Begriffe „Fitness" und „Gesundheit" durchleuchtet, um daraufhin tiefere Rückschlüsse auf den thematischen Baustein „Fitness- und Gesundheitsmarkt" ziehen zu können. Dabei sind sowohl bestehende Schnittstellen als auch abgrenzende Aspekte im Detail aufgezeigt. Mit der Definition der im Kontext verwandten Termini „Gesundheitsorientierte Fitness" und „Gesundheitsprävention" endet das Kapitel.

3.1 Historische Einflüsse und mögliche Abgrenzung

Untersucht man die zwei Begriffskomponenten „Fitness" und „Gesundheit" tiefer gehend, so zeigt sich, dass die Definition und klare Abgrenzung der beiden Termini voneinander nicht eindeutig möglich sind. „Gesundheit" ist ein dynamischer Begriff, der unter historischen, gesellschaftlichen und individuellen Ansätzen zu sehen ist. Im antiken Griechenland von 945 wurde Gesundheit mit Genussfähigkeit gleichgesetzt. Im Mittelalter bedeutete das Wort Gesundheit Glaubensfähigkeit, weil Krankheit hingegen als Prüfung oder Strafe Gottes galt (Bös & Brehm, 1998, S. 188 ff.). Demgegenüber zeigt die Weltgesundheitsorganisation (WHO) heutzutage ein breites, weites Begriffsverständnis, indem sie „Gesundheit" als „Vorhandensein von vollständiger körperlicher, geistiger und sozialer seelischer Unversehrtheit" definiert (Strack & Albers, 2003, S. 13).

Wenn nun von „Gesundheit" der Bogen zum Bedeutungsfeld „Fitness" geschlagen wird, ergibt sich folgendes Bild: Heutzutage wird „Fitness" teilweise als Synonym für „Gesundheit" genutzt (Bös & Brehm, 1998, S. 188). Übergeordnet handelt es sich jedoch bei dem Wort „Fitness" um einen Sammelbegriff. Dieser stammt aus dem Englischen und wird ins Deutsche mit „Gesundheit, Eignung und Tauglichkeit" übersetzt (vgl. Pons

Globalwörterbuch, 1998, S. 408). Allerdings unterlag der Terminus im Laufe der Zeit unterschiedlichen Einflüssen und Verwendungen, sodass die aktuelle Begriffsbestimmung nicht ganz einfach ist. Die „Fitness" gibt es in diesem Zusammenhang nicht. Man kann nur für etwas „fit" sein, beispielsweise für seinen Beruf oder eine bestimmte Sportart (Boeckh-Behrens & Buskies, 2002, S. 18). „Fitness" kann nach Dilger (2008) als ein Mittel zur Selbstoptimierung oder auch möglicher Schlüssel zu einem „gesunden" Lebensstil verstanden werden (Dilger, 2008, S. 233).

„Gesundheit" lässt „Fitness" demnach als einen ihr nachgeordneter Begriff zuordnen, der gemäß WHO als „Wohlbefinden im psychischen, physischen, intellektuellen und sozialen Bereich" zu verstehen ist (Dilger, 2008, S. 39).

Die Autoren Boeckh-Behrens und Buskies (2002) fassen wiederum „Gesundheit" und „Fitness" im Begriff „gesundheitsorientierte Fitness" spezifisch zusammen und definieren dafür folgende sechs Merkmale (Boeckh-Behrens & Buskies, 2002, S. 15 f.):

(1) Aerobe Ausdauer (Kraftausdauer)
(2) Optimale Beweglichkeit
(3) Psychische und physische Entspannungsfähigkeit
(4) Gesunde Ernährung
(5) Optimale Körperzusammensetzung
(6) Allgemeine Koordinationsfähigkeit

Diese sechs Merkmale haben eine zentrale Bedeutung für die Gesundheit des Menschen und bilden laut der Autoren (2002) die Basis jedes gesundheitsorientierten Fitnesstrainings (Boeckh-Behrens & Buskies, 2002, S. 15 f.). Mit dem Hinweis auf die gesundheitlichen Wirkungen ist in der Öffentlichkeit eine allgemeine Akzeptanz erreicht worden. Somit kann die Erhaltung der eigenen Gesundheit aktiv und zielgerichtet durch Training erreicht werden (Waschler, 1996, S. 19).

3.2 Gesundheitsorientierte Fitness und Gesundheitsprävention

Nach Definition des Bundesgesundheitsministeriums (BMG, 2019) wird Gesundheitsprävention als „ein Oberbegriff für zielgerichtete Maßnahmen und Aktivitäten, um Krankheiten oder gesundheitliche Schädigungen zu vermeiden, das Risiko der Erkrankung zu verringern oder ihr Auftreten zu verzögern" zusammengefasst (BMG, 2019). Dabei stehen körperliche Aktivität, Gesundheitsprävention und Wohlbefinden in einer engen Wechselbeziehung zueinander (Röthig & Grössing, 2002, S. 165). Somit ist gesundheitsorientiertes Fitnesstraining, wie in Abschn. 3.1 definiert, ein wesentlicher Aspekt der Gesundheitsprävention.

Aufgrund des weiter steigenden Präventionsbewusstseins in der Gesellschaft, kann Gesundheitsprävention inzwischen als sogenannter Megatrend betrachtet werden. Im Rahmen dieses Wandels ändern sich folglich auch die Motive und Bedürfnisse von Menschen.

Dieses Phänomen zeigt sich beispielsweise auch bei Kunden von Fitnessstudios (De Barros & Gonçalves, 2009, S. 384). Dies ist auch am Nutzerverhalten zu sehen, was sich mitunter in wachsenden Mitgliederzahlen widerspiegelt. Folglich steigen der Bedarf und die Nachfrage nach gesundheitsorientierten Konzepten. Die fortlaufende Anpassung des entsprechenden Leistungsspektrums muss gewährleistet sein. So ist es nur verständlich, dass in Fitnesseinrichtungen eine stetige Ausdifferenzierung der Angebote im Kontext Gesundheitsprävention zu beobachten ist (Mazzucco et al., 2017, S. 6 f.).

Auch wirkt sich das gesteigerte Fitness- bzw. Gesundheitsbewusstsein in der Gesellschaft auf den gesetzlichen Bereich aus, wie beispielsweise durch das im Jahr 2015 verabschiedete neue Präventionsgesetz, in dem Fitnessstudios erstmals berücksichtigt wurden (Mazzucco et al., 2017, S. 6). Mit dem Gesetz zur „Stärkung der Gesundheitsförderung" und der „Förderung von Prävention (PrävG)" haben Teile präventiver Gesundheitsleistungen eine deutliche Aufwertung erfahren.

Literatur

BMG – Bundesministerium für Gesundheit. (2019). *Prävention*. https://www.bundesgesundheitsministerium.de/service/begriffe-von-a-z/p/praevention.html. Zugegriffen am 05.08.2024

Boeckh-Behrens, W.-U., & Buskies, W. (2002). *Gesundheitsorientiertes Fitnesstraining*. Dr. Loges + Co. GmbH.

Bös, K., & Brehm, W. (1998). Gesundheitssport. In *Ein Handbuch – Beiträge zur Lehre und Forschung im Sport* (Bd. 120, S. 188–197). Hofmann.

De Barros, C., & Gonçalves, L. (2009). Investigating individual satisfaction in health and fitness training centres. *International Journal of Sport Management and Marketing, 5*(4), 384–395.

Dilger, E. (2008). *Die Fitness-Bewegung in Deutschland – Wurzeln, Einflüsse und Entwicklungen. Beiträge zur Lehre und Forschung im Sport*. Hofmann.

Mazzucco, B., Jung, H. H., & Kraft, P. (2017). *Auswirkungen der digitalen Transformation auf die Fitnessbranche in Deutschland*. Munich Business School Working Paper, 2017-06. https://www.munich-business-school.de/fileadmin/MBS_Daten/Dateien/Working_Papers/MBS-WP-2017-06.pdf. Zugegriffen am 23.5.2019

Pons Globalwörterbuch. (1998). *Englisch I. Collins Englisch – Deutsch von Roland Breitsprecher, Peter Terrell und Veronika Schnorr*. Ernst Klett Verlag GmbH.

Röthig, P., & Grössing, S. (2002). *Sport und Gesellschaft. Kursbücher für die Sporttheorie in der Schule* (Mit Beitr. von Ursula Gebhard.; Kursbuch 4. 4., unveränd. Aufl.). Limpert.

Strack, A., & Albers, T. (2003). *Studienbrief Gesundheit I*. DHfPG – Deutsche Hochschule für Prävention und Gesundheitsmanagement.

Waschler, G. (1996). *Zusammenarbeit von Schule und Sportverein in sportpädagogischer Perspektive. Theoretische Grundlagen und praktische Umsetzung* (Sportforum. Dissertations- und Habilitationsschriftenreihe, 5). Meyer & Meyer.

Die zentralen Merkmale des „Fitnessmarktes" in Deutschland

4

In diesem Kapitel werden die wesentlichen Aspekte und Strukturen des Fitnessmarktes in Deutschland beleuchtet. Zunächst werden die marktspezifischen Merkmale sowie relevante Zahlen und Daten präsentiert, die ein Bild der aktuellen Situation im Fitnessmarkt zeichnen. Anschließend erfolgt die Einordnung des Teilmarktes in den gesundheitswirtschaftlichen Gesamtkontext, um die Bedeutung und die Wechselwirkungen mit anderen Bereichen der Gesundheitswirtschaft zu verdeutlichen. Ein weiterer Schwerpunkt liegt auf den Strukturen und Wirkungsweisen, die exemplarisch am Marktakteur „Fitnessstudio" erläutert werden. Hierbei werden die verschiedenen Geschäftsmodelle und deren Einfluss auf die Marktentwicklung beschrieben. Abgerundet wird das Kapitel durch die Betrachtung des Strukturmerkmals „Personal". Hierbei liegt der Fokus auf den Herausforderungen und Chancen im Bereich Fach-, Nachwuchs- und Führungskräfte, die für die Zukunft des Fitnessmarktes von entscheidender Bedeutung sind.

4.1 Einordnung des „Fitnessmarktes" in den gesundheitswirtschaftlichen Gesamtkontext

Der Anfang des kommerziellen, modernen Fitnessmarktes ist in den 1970ern zu finden. Große Impulse für den sich formenden Markt in Deutschland gingen damals von der technischen Entwicklung und Perfektionierung der Trainingsgeräte aus, die auf ersten wissenschaftlichen Forschungen basierten. Intendiert durch die USA bereicherten seit Anfang der 1980er-Jahre industriell gefertigte Trainingsmaschinen die deutschen Fitnessstudios (Kieser, 2000, S. 65). Zum einheitlichen Verständnis finden in vorliegender Arbeit die Begriffe „Fitnessstudio", „Fitnessanlage", „Fitnesseinrichtung", „Fitnessclub" und

„Fitnessunternehmen" synonyme Verwendung. Diese Bezeichnungen sagen jedoch erstmal noch nichts darüber aus, welche Arten von Fitnesstraining angeboten werden (Schwarzenberger, 2021, S. 7).

Bevor die inhaltlichen und strukturellen Beschaffenheiten des „Fitnessmarktes" in Abschn. 4.2 näher aufgezeigt werden, wird zunächst dessen Einordnung in die deutsche Gesundheitswirtschaft vorgenommen. Die Hauptmarktakteure sind dabei die in Deutschland verorteten „Fitnessstudios". Gleichzeitig stellen diese den zentralen Untersuchungsgegenstand der vorliegenden Arbeit dar. „Fitnessstudios" sind in diesem Kontext kommerzielle Unternehmen, dessen Schwerpunkte auf der Förderung der körperlichen Gesundheit, der Verbesserung der körperlichen Leistungsfähigkeit oder dem Angebot von Dienstleistungen und Produkten im Zusammenhang mit den übergeordneten Begriffen „Fitness" und „Gesundheit" liegen (vgl. Kap. 3)

Allgemein hängen Markterfolge nicht nur von einzelnen Personen oder Beschäftigtengruppen ab, sondern sind immer ein Ergebnis aus Gemeinschaftsleistungen innerhalb einer arbeitsteiligen Wirtschaft (Bosch et al., 2011, S. 583 ff.). So lassen sich auch in der deutschen Gesundheitswirtschaft unterschiedliche Akteure identifizieren. Die verfügbaren Leistungen sind dabei vielfältig. Das Bundeswirtschaftsministerium (2019) beispielsweise unterscheidet in seiner gesundheitswirtschaftlichen Gesamtrechnung zwölf gesundheitswirtschaftliche Leistungsfelder, in deren Rahmen wiederum eine Vielzahl von Einzelleistungen angeboten werden. Hierzu zählen Leistungen der „klassischen" Primärversorgung, wie Arztbesuche oder verschreibungspflichtige Medikamente. Grundsätzlich sind diese durch gesetzliche oder private Krankenversicherungen abgedeckt. Darüber hinaus werden erweiterte bzw. sekundäre Leistungen in der gesundheitswirtschaftlichen Gesamtrechnung hinzugezählt (BMWi, 2019).

Die Gesundheitswirtschaft in Deutschland ist in ihrer Gesamtheit vielfältigen Einflüssen ausgesetzt, beispielsweise durch die Globalwirtschaft oder die Regularien der Europäischen Union (Penter & Augurzky, 2014, S. 5 f.). Gemeinsam operieren und interagieren gesundheitsrelevante Einrichtungen und Unternehmen in einem Gesamtmarkt, der sich wiederum aus Teilmärkten (siehe Tab. 4.1) zusammensetzt. Im primären bzw. ersten und sekundären bzw. zweiten Gesundheitsmarkt werden Güter und Leistungen von Angebot und Nachfrage bestimmt, im weiteren Sinne die der Erhaltung oder Verbesserung der Gesundheit dienen. Zentrales Ziel der marktbeteiligten Akteure ist folglich die Abdeckung der Nachfrage nach entsprechenden Gesundheitsgütern (BMWi, 2019).

Diese Ausführungen geben einen grundlegenden Einblick in die Strukturen und das damit verbundene komplexe Bedeutungsfeld „Gesundheitsmarkt". Deutlich gemacht werden konnte hierbei, dass die dargelegte Typologie und Anreihung wegen keiner klaren Trennschärfe Definitionsschwächen aufweist. Aus diesem Grund erscheint es für diese Arbeit notwendig, im Sinne des einheitlichen Verständnisses des Begriffsfeldes „Fitness- und Gesundheitsmarkt", eine eigene Kategorisierung vorzunehmen. Diese wird nun folgend einerseits in Anlehnung an die Autoren Schwarzenberger (2021), Mazzucco et al. (2017) und Dilger (2008) sowie den Ausführungen von Boeckh-Behrens und Buskies (2002) und des Deutschen Sportstudioverbandes (DSSV, 2020), andererseits anhand der

Tab. 4.1 Typisierung der Teilmärkte in der Gesundheitswirtschaft. (Eigene Darstellung)

	Gesundheitswirtschaft	
Primärer Gesundheitsmarkt (vgl. BWMi)	Sekundärer Gesundheitsmarkt (vgl. BWMi)	Fitnessmarkt (In Anlehnung an Schwarzenberger, Mazzucco et al., Dilger, Boeckh-Behrens und Buskies, DSSV)
Krankenversicherung und öffentliche Verwaltung	Sport-, Wellness-Tourismusdienstleistungen	Allgemeine Bewegungs-, Ernährungs-, Entspannungsangebote (Schwarzenberger, 2021)
Stationäre und ambulante Versorgung	Selbstversorgung	Gesundheitsorientierte und sportartspezifische Fitnessangebote (Boeckh-Behrens & Buskies, 2002)
Medizin-, Bio- und Gentechnik	E-Health	Reine Onlinefitnessangebote (Mazzucco et al., 2017)
Groß- und Einzelhandel	Investitionen (z. B. Forschung und Entwicklung)	Sauna- und Wellnessangebote (Dilger, 2008)
Sonstige Leistungen	Sonstige Leistungen	Sonstige Leistungen

gesundheitswirtschaftlichen Leistungsfelder, die das Bundeswirtschaftsministerium (2019) definiert hat, in Form eines tabellarischen Überblicks (vgl. Tab. 4.1) dargestellt.

Wie Tab. 4.1 zeigt, lassen sich nach der vorgenommenen Kategorisierung innerhalb der Gesundheitswirtschaft drei Teilmärkte erkennen. Leistungen der Primärversorgung kennzeichnen sich durch ambulant oder stationär erbrachte Dienstleistungen in Arztpraxen, Krankenhäusern, Altenpflegeeinrichtungen oder Rehabilitationszentren. Es schließen sich Apotheken, der Facheinzelhandel, z. B. für Medizintechnik, und der Großhandel an, denen wiederum die pharmazeutische Industrie, Unternehmen der Medizin, Bio- und Gentechnik und das Gesundheitshandwerk zuliefern. Sonstige (Dienst)leistungen des primären Gesundheitsmarktes verorten sich in der Behindertenbetreuung, oder auch Kinder- und Jugendhilfe (BMWi, 2019).

In Abgrenzung zum ersten bzw. primären Gesundheitsmarkt, dessen Güter und Leistungen im Grunde nach über die Versicherung der gesetzlichen oder privaten Krankenkassen finanziert werden, schließt der zweite bzw. sekundäre Gesundheitsmarkt sämtliche Produkte und Dienstleistungen im Rahmen der Selbstversorgung ein, wie beispielsweise freiverkäufliche Arzneimittel. Auch Sport-, Wellness- und Tourismusleistungen mit Gesundheitsbezug sind dabei enthalten. Darüber hinaus umfasst der sekundäre bzw. zweite Gesundheitsmarkt Angebote aus dem Bereich E-Health und entsprechende Investitionen für Forschungs- und Entwicklungsprojekte (BMWi, 2019).

Ergänzend hinzu tritt ein dritter Teilmarkt ins gesundheitswirtschaftliche Geschehen, der sämtliche Güter und Leistungen im Kontext „Fitness" bereitstellt. Wie in Abschn. 4.2 beschrieben, finden sich hier Güter und Leistungen, welche im Sinne der Gesundheit ihrer Erhaltung oder Verbesserung dienen. Der „Fitnessmarkt" bietet sowohl allgemeine als auch spezifisch gesundheitsorientierte Bewegungsangebote, wie beispielsweise gerätegestütztes Krafttraining, Ernährungskurse oder Yoga im Kontext Entspannung. Auch

Sauna- und Wellnessangebote oder reine Onlineangebote sind Teil des Leistungsspektrums, insbesondere der zentralen Marktakteure, den Fitnessstudios.

Krimmel (2024) stellt in dem Zusammenhang die Frage, ob und inwieweit die primären Leistungen des ersten Gesundheitsmarktes überhaupt marktfähig genannt werden können, da diese dem Grunde nach solidarisch gestützt sind. Im Kern werden die Güter der „klassischen" Gesundheitsversorgung durch die gesetzlichen oder privaten Krankenkassen finanziert. Im engeren Sinne kann deshalb allein in Bezug auf die Eigenschaften des zweiten Gesundheitsmarktes sowie die des Fitnessmarktes nur von einem „echten Markt" gesprochen werden. Dies lässt sich an vier kennzeichnenden Markteigenschaften belegen (Krimmel, 2024):

(1) ein wachsendes Angebot privater Gesundheitsgüter und -leistungen
(2) eine steigende Nachfrage nach den verfügbaren Gütern und Leistungen
(3) ausreichende Mittel zur Finanzierung der Nachfrage
(4) die Bereitschaft zur Finanzierung

Zusammenfassend ist somit der „echte" Fitness- und Gesundheitsmarkt eine Kombination aus dem zweiten Gesundheitsmarkt und dem dritten Teilnehmer der Gesundheitswirtschaft, dem Fitnessmarkt. Beide Teilmärkte wirken kumuliert zusammen. Diese Konstellation soll zum einen dem theoretischen Grundlagenverständnis und zum anderen im weiteren Verlauf der Arbeit weiterverwendet werden. An der Stelle soll festgehalten werden, dass das nun definierte Konstrukt „Fitness- und Gesundheitsmarkt" sowohl Geltung als auch weitere Verwendung findet, und dabei zusammenfassend die in Tab. 4.1 aufgezeigten Inhalte meint.

4.2 Relevante Zahlen und Daten zum „Fitness- und Gesundheitsmarkt"

Die in Abschn. 4.1 definierte Begriffskombination „Fitness- und Gesundheitsmarkt" setzt sich aus drei wesentlichen Wortkomponenten „Fitness", „Gesundheit" und „Markt" zusammen. Kritisch gesehen, sind sämtliche Angebote, die dem Kontext „Fitness" zugeordnet werden können, auch Güter und Leistungen, die im sekundären bzw. zweiten Gesundheitsmarkt verortet sind. Somit hinkt auf den ersten Blick der verwendete Terminus „Fitness- und Gesundheitsmarkt".

In der gesundheitswirtschaftlichen Gesamtrechnung des Bundeswirtschaftsministeriums (BMWK, 2022) arbeiteten im Jahr 2021 rund 7,7 Mio. Menschen in der Gesundheitswirtschaft (siehe Tab. 4.2). Für die weitere, insbesondere empirische Arbeit ist der primäre bzw. erste Gesundheitsmarkt irrelevant. Nach der Gesundheitsberichterstattung des Bundes waren dort im Jahr 2021 etwa 6 Mio. Beschäftigte tätig. Der Deutsche Sportstudioverband (DSSV, 2020) spricht in seiner jährlichen Eckdaten-Studie in dem Zusammenhang von der „deutschen Fitnesswirtschaft" und zählt dabei zum Jahresende 2019

Tab. 4.2 Zusammensetzung der Zahl der Beschäftigten in der Gesundheitswirtschaft im Jahr 2021. (Eigene Darstellung)

	Gesundheitswirtschaft	
		Fitnesswirtschaft (in Anlehnung an den DSSV)
Primärer Gesundheitsmarkt	Sekundärer Gesundheitsmarkt	Fitnessmarkt
6,0 Mio. Beschäftige	1,5 Mio. Beschäftigte	0,2 Mio. Beschäftigte
	1,7 Mio. Beschäftigte	
7,7 Mio. Beschäftigte		

etwa 0,2 Mio. Arbeitnehmende, die im Fitnessmarkt ihrer Beschäftigung nachgingen (DSSV, 2022). Fügt man nach der eigenen Kategorisierung die beiden „Märkte" zusammen, so arbeiteten im Jahr 2021 insgesamt etwa 1,7 Mio. Menschen im „Fitness- und Gesundheitsmarkt". Tab. 4.2 zeigt die Zahl der Beschäftigten in der Gesundheitswirtschaft im Überblick.

Betrachtet man die Beschäftigtenzahl im Fitnessmarkt näher, so ist für das Jahr 2022 nach Angaben des DSSV ein Anstieg um 5,3 % in Fitnessanlagen zu erkennen (DSSV, 2023). Aufgrund steigender Auslastung und der Prognose wachsender Mitgliederzahlen erhöht sich in Folge der Personalbedarf in den stationären Fitnesseinrichtungen. So haben insbesondere die Anstellungsverhältnisse der Gruppen „dual Studierender" und „Honorarkräfte" die höchsten Zuwächse gegenüber dem Vorjahr 2023 (fitnessmanagement, 2023). Der Deutsche Sportstudioverband veranlagt im Schnitt 8,3 Festangestellte in Einzel- und rund 7 feste Mitarbeitende in Kettenbetrieben. Im Vergleich dazu sind es etwa 1,1 Beschäftigte in Festanstellung in sogenannten Mikrostudios, also Fitnessanlagen, die bewusst ein begrenztes und spezialisiertes Angebot, z. B. nur Crossfit, EMS oder Personal Training, bereitstellen (Mazzucco et al., 2017, S. 6; DSSV, 2023).

Insgesamt gab es im Jahr 2022 in Deutschland etwa 3,44 Mio. Unternehmen (statista, 2024). Rund 3 Mio. davon beschäftigen weniger als zehn Mitarbeitende. Weitere 361.000 Unternehmen hatten bis zu 49 Beschäftigte. Somit zählen fast 98 % aller Betriebe in Deutschland zu den kleinen und mittleren Unternehmen (KMU), zu denen auch Fitness- und Gesundheitseinrichtungen gerechnet werden können (destatis, 2024; statista, 2024).

Im Rahmen der weiteren Arbeit und mit Fokus auf die empirische Studie werden die Beschäftigten des in Abschn. 4.1 zu definieren begonnenen Fitness- und Gesundheitsmarktes näher untersucht. Im folgenden Kapitel wird nun der zentrale Marktakteur „Fitnessstudio" vorgestellt.

4.3 Der Marktakteur „Fitnessstudio" in Deutschland seit 1970

Betrachtet man „Fitnessstudios" aus genealogischer Sicht, so haben sich die einstigen „Muckibuden", die aus dem Einfluss der Bodybuildingbewegung der 1970er-Jahre entstanden sind, bis heute kontinuierlich weiterentwickelt. Insbesondere haben der Aerobicboom der 1980er, als auch der in den 1990ern verstärkt aufkommende Gesundheitstrend bis hin zum Wellnessboom der 2000er, die derzeit mehr als 9100 Fitnessstudios in Deutschland nachhaltig geprägt (Dilger, 2008, S. 473). Darüber hinaus sind inzwischen reine Onlinefitnessanbieter zu beobachten (Hackfort, 2015, S. 4; Mazzucco et al., 2017, S. 1).

Nach Dilger (2008) können Fitnessstudios zunächst einerseits in fitness- und gesundheitsorientierte Anlagen und andererseits in leistungsorientierte Einrichtungen unterteilt werden. Anlagen mit zusätzlicher ärztlicher Betreuung und/oder Rehabilitationstrainingsprogrammen sind laut der Autorin (2008) ebenso dem „Fitnessmarkt" zuzuordnen (Dilger, 2008, S. 387). Preuß (2013) und der Deutsche Sportstudioverband (DSSV, 2020) differenzieren weiter aus und stellen vor diesem Hintergrund sogenannte unabhängige Anlagen auf dem Markt als einzeln agierende Fitnessstudios dar. Im Gegensatz dazu werden als Kettenstudios Fitnessunternehmen mit mindestens fünf Betriebsstätten und mehr als 5000 Mitgliedern bezeichnet (Preuß, 2013, S. 16 f.; DSSV, 2020).

Der Zielgruppe entsprechend gibt es daneben freizeit- und familienorientierte als auch frauenorientierte Anlagen. Hinsichtlich geschlechterspezifischer Fitnessstudios hat sich der Markt nur in Richtung frauenorientierter Anlagen, sprich reinen Frauenstudios, entwickelt. Es existieren also im geschlechtsspezifischen Kontext entweder Frauen- oder Gemischtstudios. Wird neben Geräte- und Gruppentraining noch mindestens ein weiteres Segment angeboten, wie beispielsweise eine Racketsportart, handelt es sich um Multifunktionsanlagen (Dilger, 2008, S. 387). Seit 2004, werden, gemäß den Bestimmungen des DSSV, Fitnessbetriebe, deren Wellnessbereich mehr als 200 qm umfasst, als wellnessorientierte Anlage klassifiziert.

Mittlerweile trainieren in den unterschiedlichen Arten von Fitnessstudios etwa 11,3 Mio. Menschen. Dies bedeutet im Vergleich zu den Mitgliedszahlen von 1980 einen Anstieg um das 32-fache (Kamberovic & Hase, 1994, S. 12). Dabei besitzt mit fast 1,3 Mio. Mitgliedern die RSG Group (Rainer Schaller Global Group) den mitgliederstärksten Kundenstamm der in Deutschland verorteten Fitnessketten (statista, 2024).

Zusammenfassend kann bisher festgestellt werden, dass die skizzierte Entwicklung der Fitnessanlagen seit den 1970ern und deren Einflussfaktoren das breite Spektrum des „Fitnessmarktes" bestimmen und jeweils für sich oder für unterschiedliche Kombinationen angewandt werden. So haben beispielsweise internationale Trends mit und ohne Bezug zum Maschinentraining die heutigen Fitnessstudios geprägt. Ende der 1980er entstanden erste größere Fitnessketten (Mazzucco et al., 2017, S. 6 f.). Folglich ließen sich Fitnesseinrichtungen besser ökonomisch verwerten, was zu einem erwerbswirtschaftlich ausgerichteten neuen Markt führte, dem heutigen „Fitnessmarkt".

Als „Fitnessmarkt" soll im Rahmen dieser Arbeit der Wirtschaftszweig bezeichnet werden, der seit seinen Anfängen in den 1970ern expandierte und zahlreiche Einflüsse, Trends und deren daraus resultierenden Güter und Leistungen anzog und neue Angebote entstehen ließ, welche die Entwicklung der heutigen Fitnessstudios vorangetrieben haben (Schwarzenberger, 2021, S. 8; Mazzucco et al., 2017, S. 6 f.; Dilger, 2008, S. 202 f.; DSSV, 2020).

4.4 Das Strukturmerkmal „Personal": Fach-, Nachwuchs- und Führungskräfte

Nachdem in Abschn. 4.1 und 4.2 sowohl die inhaltliche als auch thematische Abgrenzung für den Begriff „Fitness- und Gesundheitsmarkt" vorgenommen wurde, werden nun die grundlegenden strukturellen Merkmale des Marktakteurs „Fitnessstudio" (vgl. Abschn. 4.3) vorgestellt. In Bezug auf Fitnessstudios sind folgende drei Merkmale von besonders hoher Relevanz (García-Fernández et al., 2018a, b; Theodorakis et al., 2014; Avourdiadou & Theodorakis, 2014; Yildiz & Kara, 2012; Kriegel, 2012):

(1) Angebot
(2) Räumlichkeiten und Ausstattung
(3) Personal

Mit Fokus auf das Ziel dieses Buches als auch in Hinblick auf die Entwicklung des Messinstrumentes, wird das Strukturmerkmal „Räumlichkeiten und Ausstattung" nicht weiter betrachtet. Das Merkmal „Angebot" wird in Abschn. 4.1 (siehe Tab. 4.1) inhaltlich aufgegriffen, ist in Bezug auf die zentrale Thematik Personalrekrutierung, insbesondere von Fach-, Nachwuchs- und Führungskräften, jedoch nicht näher von Bedeutung. Für das einheitliche Verständnis werden die letztgenannten Begrifflichkeiten im inhaltlichen Kontext der vorliegenden Arbeit definiert.

Der Begriffsbestimmung des Bundesinstituts für Berufsbildung (BiBB) nach ist eine Fachkraft eine Person, die einen anerkannten Ausbildungsabschluss, erworbene Kenntnisse und Berufserfahrung in ihrem Fachgebiet vorweisen kann (BiBB, 2024). Entsprechend sind dabei im Arbeitsumfeld am Beispiel des Marktakteurs „Fitnessstudio" sowohl ausgebildete Physiotherapeuten oder Sport- und Fitnesskaufleute als auch mit akademischem Hintergrund studierte Sportwissenschaftler sowie Absolventen aus dualen Studiengängen wie Fitnessökonomie, Ernährungsberatung und Gesundheitsmanagement gemeint. **Besonders** um die Förderung dual Studierender widmen sich Fitnessstudios intern hinsichtlich ihrer zukünftigen Nachwuchskräfte. Im Zuge dessen bildeten im Jahr 2023 etwa 4300 Fitnessunternehmen ihre potenziellen Nachwuchskräfte selbst aus, beispielsweise in Kombination mit einem der zuvor genannten dualen Studiengangsangeboten (siehe Abschn. 4.2 und 5.2).

Als oberste Instanz finden sich allgemein Führungskräfte mit entsprechenden Posten im Personaleinsatz, so auch in Fitness- und Gesundheitsunternehmen. Eine der **Schlüsselfragen** ist hierbei: Wie „führt" man in der Praxis effektiv und welche Kompetenzen sind dazu erforderlich?

Führungskräfte sind grundsätzlich für die Leitung, Führung als auch Entwicklung von Teams, Arbeitsbereichen oder ganzer Abteilungen verantwortlich. Die sogenannte Führungsspanne beschreibt dabei, wie viele Mitarbeitende einer Führungsperson unterstehen. In Fitness- und Gesundheitsunternehmen sind weitestgehend „kleine" Führungsspannen zu beobachten, welche in der Regel im einstelligen Bereich liegen (IFAA, 2016).

Unabhängig von der Führungsspanne beziehen sich Führungsaufgaben hauptsächlich auf die Erreichung vorgegebener Unternehmens- bzw. vereinbarter Arbeitsziele. Neben beispielsweise Budgetverantwortung werden von Führungspersonen auch weiche Faktoren gefordert wie individuelle Stärken zu fördern, Talente zu erkennen oder Konflikte intern zu lösen. Hierbei sind u. a. Strategien zu entwickeln, um die Mitarbeitermotivation zu erhöhen. Gesteigerte Produktivität, eine hohe Mitarbeiterzufriedenheit sowie die langfristige Bindung ans Unternehmen gehören somit zu den oberen Zielen. Je nach Aufgabenbereich und Verantwortungsgrad können für die Besetzung der Position einer Führungskraft bis zu sieben Monate vergehen. Für die Einstellung von fehlendem Fachpersonal benötigen Unternehmen hingegen etwa fünf Monate. Die Dauer differiert nach Unternehmensgröße, Branche und internen Prozessen (Actiefpersonal, 2024).

Zusammenfassend ist das Strukturmerkmal „Personal", bestehend aus Fach- und Führungskräften sowie Aushilfs- und (potenziellen) Nachwuchskräften, für den Wertschöpfungsprozess, also die Unternehmensleistung, mitverantwortlich, was letztlich den Umfang des finanziellen Unternehmenserfolg beeinflusst.

Auf die allgemein hohe Relevanz des strukturellen Merkmals „Personal" im Fitnessstudio verweisen eine Vielzahl von Autoren (García-Fernández et al., 2018a, b; Theodorakis et al., 2014; Avourdiadou & Theodorakis, 2014; Yildiz & Kara, 2012; Kriegel, 2012; Stemper & Grubendorfer, 2011; Rampf, 1999). Nach den Ausführungen der Autoren bedarf das gesamte Leistungsspektrum einer Fitnessanlage der fachlichen Kenntnisse des vollständig eingesetzten Personalstabs. In Bezug auf den Kundenberatungs- und Betreuungsprozess sind dem sachkundigen Wissen weitere Anforderungen wie Fertigkeiten hinsichtlich der Identifizierung als auch Erfüllung der individuellen und speziellen Kundenbedürfnisse an die Studiomitarbeitenden gestellt.

Differenziert betrachtet lassen sich in Anlehnung an Stemper und Grubendorfer (2011) und Rieger (2011) in Bezug auf das Merkmal „Personal" vier Mitarbeitergruppen im Fitnessstudio definieren:

(1) Fachpersonal: Hauptsächliche Aufgabe: operativ, Betreuung und Beratung; Status: ausgebildete Sportwissenschaftler, Physiotherapeuten, Absolventen aus dualen Studiengängen wie Fitnessökonomie, Ernährungsberatung oder Gesundheitsmanagement ausgebildete, Sport- und Fitnesskaufleute, lizenzierte Fachtrainer für die Bereiche Fitness und Gesundheit
(2) Führungspersonal: Hauptsächliche Aufgabe: strategisch, Leitung, Führung und Entwicklung; Status: Geschäftsführer, Gesamtstudioleiter, Leiter von einzelnen Bereichen wie Trainingsfläche, Kursbetrieb, Sauna- und Wellnessbereich, Gastronomie, Theke und Rezeption,
(3) (Potenzielles) Nachwuchspersonal: Hauptsächliche Aufgabe: operativ und evtl. strategisch, unterstützend in der Betreuung und Beratung; evtl. „kleinere" Führungsaufgaben; Status: Auszubildende oder dual Studierende in den Bereichen Fitness und Gesundheit

(4) Sonstiges Personal: Hauptsächliche Aufgabe: operativ und evtl. administrativ, unterstützend in der Betreuung und Beratung oder Verwaltung; Status: Aushilfskräfte wie freiberufliche Trainer, geringfügig Beschäftigte

Die oben aufgeführte Einteilung des Strukturmerkmals „Personal" soll für den empirischen Teil als Grundlage dienen (vgl. Abschn. 6.3).

Zusammenfassend wird an der Stelle festgehalten, dass durch die stetig steigenden Mitgliederzahlen (vgl. Abschn. 4.1) der reale Personalbedarf im einzelnen Unternehmen entsprechend ermittelt und gedeckt bleiben muss. Es stellt sich die Frage, ob und inwieweit die Sorge, in Zukunft nicht ausreichend kompetentes Personal auf dem Markt zu finden als echtes Risiko identifiziert werden kann. Wenn dieses gegeben ist, können bedarfsspezifische Analysen Fitness- und Gesundheitsunternehmen helfen, genaue Handlungsstrategien zur Steigerung des Zufriedenheits- bzw. Bindungsgrades ihrer Mitarbeitenden zu ermitteln und im Rahmen des Personalmanagements umzusetzen. Anhand einer konkreten periodischen Erfassung können Schwankungen bzw. Veränderungen im Mitarbeiterverhalten unmittelbar identifiziert werden (Niewert & Thiele, 2014, S. 63). Die gewonnenen Erkenntnisse sind folglich auf den Rekrutierungsprozess von Anbietern auf dem „Fitness- und Gesundheitsmarkt" übertragbar. Dieses Vorgehen soll im Rahmen des vorliegenden Buches durch eine Befragung von Fach-, Nachwuchs- und Führungskräften aus Fitness- und Gesundheitsunternehmen empirisch erhoben werden.

Literatur

Actiefpersonal. (2024). *Das richtige Timing – Wie viel Zeit Sie für Rekrutierungsprozesse einplanen sollten*. https://www.actief-personal.de/das-richtige-timing-wie-viel-zeit-sie-fuer-rekrutierungsprozesse-einplanen-sollten/. Zugegriffen am 08.09.2024

Avourdiadou, S., & Theodorakis, N. D. (2014). The development of loyalty among novice and experienced customers of sport and fitness centres. *Sport Management Review, 17*(2014), 419–431.

BIBB – Bundesinstitut für Berufsbildung. (2024). *Pressemitteilung. Neues Ausbildungsjahr startet mit acht modernisierten Berufen*. https://www.bibb.de/de/pressemitteilung_192170.php#:~:text=Zum%201.,Medien%20und%20Informationsdienste%20entschieden%20haben. Zugegriffen am 05.09.2024

BMWI – Bundesministerium für Wirtschaft und Energie. (2019). *Gesundheitswirtschaft. Fakten & Zahlen, Ausgabe 2018. Ergebnisse der Gesundheitswirtschaftlichen Gesamtrechnung*. https://www.bmwi.de/Redaktion/DE/Publikationen/Wirtschaft/gesundheitswirtschaft-fakten-zahlen-2018.pdf.html. Zugegriffen am 06.08.2024

BMWK – Bundesministerium für Wirtschaft und Klimaschutz. (2022). *Gesundheitswirtschaft*. https://www.bmwk.de/Redaktion/DE/Textsammlungen/Branchenfokus/Wirtschaft/branchenfokus-gesundheitswirtschaft.html. Zugegriffen am 05.08.2024

Boeckh-Behrens, W.-U., & Buskies, W. (2002). *Gesundheitsorientiertes Fitnesstraining*. Dr. Loges + Co. GmbH.

Bosch, G., Brücker, H., & Koppel, O. (2011). Fachkräftemangel: Scheinproblem oder Wachstumshemmnis? *Wirtschaftsdienst, 91*(9), 583–593.

Destatis. (2024). *Bis 2049 werden voraussichtlich mindestens 280.000 zusätzliche Pflegekräfte benötigt*. https://www.destatis.de/DE/Presse/Pressemitteilungen/2024/01/PD24_033_23_12.html. Zugegriffen am 04.08.2024

Dilger, E. (2008). *Die Fitness-Bewegung in Deutschland – Wurzeln, Einflüsse und Entwicklungen. Beiträge zur Lehre und Forschung im Sport*. Hofmann.

DSSV e.V. – Deutscher Sportstudio Verband e.V. (Hrsg.) (2020). Eckdaten 2019. Branchendaten der Fitness/Wellness/Racket-Anlagen in Deutschland.

DSSV e.V. – Deutscher Sportstudio Verband e.V. (Hrsg.). (2022). Eckdaten 2022. Branchendaten der Fitness/Wellness/Racket-Anlagen in Deutschland.

DSSV e.V. – Deutscher Sportstudio Verband e.V. (Hrsg.). (2023). Eckdaten der deutschen Fitness-Wirtschaft 2023.

Fitnessmanagement. (2023). *Zukunft gemeinsam gestalten: Praxisimpulse für Recruiting und Personalentwicklung*. https://www.fitnessmanagement.de/management/praxisimpulse-fachkraefte-personalentwicklung-recruiting. Zugegriffen am 20.08.2024

Garcia-Fernandez, J., Gálvez-Ruiz, P., Vélez-Colon, L., Ortega-Gutiérrez, J., & Fernández-Gavira, J. (2018a). Exploring fitness centre consumer loyalty: Differences of non-profit and low-cost business models in Spain. *Economic Research, 31*(1), 1042–1058.

Garcia-Fernandez, J., Gálvez-Ruiz, P., Vélez-Colon, L., Ortega-Gutiérrez, J., & Fernández-Gavira, J. (2018b). The effects of service convenience and perceived quality on perceived value, satisfaction and loyalty in low-cost fitness centers. *Sport Management Review, 21*(2018), 250–262.

Hackfort, G. (2015). *Digital Fitness. Wachstumsperspektiven für die Fitnessbranche, Lehrgebiet Sportmanagement. Department für Sportwissenschaft*. Universität der Bundeswehr.

IFAA e.V. – Institut für angewandte Arbeitswissenschaft e.V. (2016). *Kleine Führungsspannen*. https://www.arbeitswissenschaft.net/fileadmin/Downloads/Angebote_und_Produkte/Zahlen_Daten_Fakten/ifaa_Zahlen_Daten_Fakten_Kleine_Fuehrungsspannen.pdf. Zugegriffen am 20.08.2024

Kamberovic, R., & Hase, T. (1994). *Fitness und Profit: Das Fachbuch für Betreiber von Freizeitanlagen und Existenzgründer* (S. 1994). SSV Verlag.

Kieser, W. (2000). *Ein starker Körper kennt keinen Schmerz. Gesundheitsorientiertes Krafttraining nach der Kieser-Methode* (6. Aufl.). Wilhelm-Heyne.

Kriegel, R. (2012). Kundenbindung in Fitnessanlagen. *SCIAMUS – Sport und Management, 3*, 50–63.

Krimmel, L. (2024). *Beiträge zu Gesundheitspolitik und Gesundheitsmarkt. Der Zweite Gesundheitsmarkt*. https://www.dr-krimmel.de/der-zweite-gesundheitsmarkt/. Zugegriffen am 03.09.2024

Mazzucco, B., Jung, H. H., & Kraft, P. (2017). *Auswirkungen der digitalen Transformation auf die Fitnessbranche in Deutschland*. Munich Business School Working Paper, 2017-06. https://www.munich-business-school.de/fileadmin/MBS_Daten/Dateien/Working_Papers/MBS-WP-2017-06.pdf. Zugegriffen am 23.05.2019

Niewert, B., & Thiele, H. (2014). *Praxishandbuch Kundenzufriedenheit: Grundlagen – Messverfahren – Managementinstrumente* (Management und Wirtschaft Praxis, Band 80). Erich Schmidt Verlag GmbH & Co.

Penter, V., & Augurzky, B. (Hrsg.). (2014). *Gesundheitswesen für Praktiker. System, Akteure, Perspektiven*. Springer/Springer Fachmedien Wiesbaden GmbH.

Preuß, H. (2013). *Organisation des Sports. MBA 6 – Sportmanagement*. Universität Bayreuth.

Rampf, J. (1999). *Drop-Out und Bindung im Fitness-Sport. Günstige und ungünstige Bedingungen für Aktivitäten im Fitness-Studio*. Czwalina.

Rieger, T. (2011). Erfolgsfaktor Mitarbeiterqualifikation – Zur Bedeutung des Internen Marketing für kommerzielle Fitnesssportanbieter. *SCIAMUS – Sport und Management, Themenheft – Ausgewählte Managementprobleme in Fitnessstudios*, 40–50.

Schwarzenberger, D. (2021). *Fitnessstudios im Trend der Digitalisierung – Eine Untersuchung relevanter Aspekte zur Kundenzufriedenheit im Kontext der Kundenbindung.* Hofmann.

Statista. (2024). *Unternehmen in Deutschland: Anzahl der rechtlichen Einheiten in Deutschland nach Beschäftigtengrößenklassen im Jahr 2022.* https://de.statista.com/statistik/daten/studie/1929/umfrage/unternehmen-nach-beschaeftigtengroessenklassen/. Zugegriffen am 05.08.2024

Stemper, T., & Grubendorfer, T. (2011). Trainingsgestaltung im Fitnessstudio. *SCIAMUS – Sport und Management, Themenheft – Ausgewählte Managementprobleme in Fitnessstudios*, 51–65.

Theodorakis, N. D., Howat, G., KO, Y. J., & Avourdiadou, S. (2014). A comparison of service evaluation models in the context of sport and fitness centres in Greece. *Managing Leisure, 19*(1), 18–35.

Yildiz, S. M., & Kara, A. (2012). A re-examination and extension of measuring perceived service quality in physical activity and sports centres (PSC): QSport-14 scale. *International Journal of Sports Marketing & Sponsorship, 13*(3), 26–45.

Gegenwärtige Rekrutierungsstrategien im Fitness- und Gesundheitsmarkt

Dieses Kapitel bietet einen umfassenden Einblick in die aktuellen Rekrutierungsstrategien im „Fitness- und Gesundheitsmarkt". Zunächst werden konkrete Praxiseinblicke präsentiert, die die Vielfalt der gegenwärtigen Ansätze verdeutlichen.

Ein zentraler Aspekt ist die interne Förderung von eigenen Nachwuchskräften, die als wichtige Strategie zur Sicherstellung qualifizierter Mitarbeitender hervorgehoben wird. Darüber hinaus werden externe Rekrutierungsmöglichkeiten beschrieben, wobei sowohl analoge als auch digitale Ansätze thematisiert werden, um die Reichweite und Effizenz der Rekrutierung zu maximieren. Ein weiterer Schwerpunkt des Kapitels liegt auf dem Konzept des Employer Branding, das als entscheidendes Bindeglied einer ganzheitlichen Rekrutierungsstrategie fungiert. Hier wird erläutert, wie ein starkes Arbeitgeberimage dazu beitragen kann, talentierte Fach,- Nachwuchs- und Führungskräfte anzuziehen und langfristig zu binden.

Abschließend fasst das Kapitel die bisherigen Erkenntnisse zusammen und formuliert eine forschungsleitende Fragestellung, welche die Grundlage für die empirische Untersuchung bildet.

5.1 Einführung in die gegenwärtigen Rekrutierungsmöglichkeiten

Im Zuge des demografischen Wandels hat sich auch der Fitness- und Gesundheitsmarkt vom Arbeitgeber- zum Arbeitnehmermarkt entwickelt (Kreis, 2023, S. 86 f.). Dies bedeutet, dass die Zahl der offenen Positionen höher als die der Bewerbenden ist. Somit ergeben sich für die einzelnen Betriebe, wie auch die großen Unternehmensgruppen im Markt neue Herausforderungen, wenn es um die erfolgreiche Rekrutierung qualifizierter Arbeitskräfte geht (DSSV, 2023). Das beginnt bereits bei der Suche geeigneter Auszubildender. Im Jahr 2023 wurden in Deutschland 562.626 Ausbildungsplätze ausgeschrieben, wobei die Zahl der Bewerbenden letztlich bei 515.563 lag. Insgesamt konnten 489.182 neue Ausbildungsverträge geschlossen werden, die restlichen Stellen blieben unbesetzt (statista, 2024).

Die Akquise im Fitness- und Gesundheitsmarkt erfordert nach Wilser (2020) innovative Wege, um die gewünschte Aufmerksamkeit zu bekommen (Wilser, 2020, S. 38). Um langfristig wettbewerbsfähig zu bleiben, brauchen laut Hirsch und Tauscher (2023) oder Capelan und Colbus (2023) sowohl Einzelstudios als auch Kettenbetriebe aufgrund zunehmender Marktsättigung und Diversität der Anbieter eine zukunftsorientierte Personalentwicklung (fitnessmanagement, 2023). In Anlehnung an die dargelegten Ausführungen gelten für den Akteur „Fitnessstudio" folgende vier Strategien als allgemein zielführend im Rahmen der Personalbeschaffung (fitnessmanagement, 2023):

1. Die Entwicklung einer umfassenden Cross-Channel-Strategie
2. Die Beachtung der „Candidate Journey"
3. Der Einsatz von „Candidate Personas"
4. Der Aufbau einer positiven Arbeitgebermarke

Im Fokus der Cross-Channel-Strategie steht der Vertriebsweg einer Werbebotschaft. Dabei werden mehrere Kanäle in die Kommunikationsstrategie miteinbezogen. So sollen die aufeinander abgestimmten Informationen auf unterschiedlichen Wegen an die Kunden bzw. potenziell Bewerbenden kommuniziert werden. Meist bietet sich eine Kombination aus Online- und Offlinekanälen an, um eine möglichst große Zielgruppe abzudecken. Das kann zum Beispiel ein Werbeplakat des Fitnessstudios sein, auf dem ein QR-Code abgebildet ist. Um potenzielle Bewerbende direkt anzusprechen, werden darüber hinaus Videos auf Social Media und klassische Anzeigen kombiniert geschalten (Wilser, 2020, S. 39). Insgesamt nutzen suchende Unternehmen verstärkt die Möglichkeiten des Social-Media-Recruitings (siehe Abschn. 2.6 und 5.3).

Die „Candidate Journey" betrachtet allgemein die „Reise eines Bewerbenden" durch den Recruitingprozess, insbesondere durch welche Form von Ansprache oder Informationen die Person letztlich zum Bewerbenden geworden ist (Softgarden, 2024). Ihr grundlegender Ablauf bzw. das „Regelwerk" ist in der Entwicklung der Gesamtstrategie zu beachten.

„Candidate Personas" sind vordefinierte Personenprofile, die innerhalb der „Candidate Journey" bzw. im Rekrutierungsprozess Anwendung finden, Bewerber- bzw. Zielgruppen besser zu visualisieren. Beispielsweise können fiktive Bewerberprofile dabei helfen, die Anforderungen der Zielgruppe besser zu verstehen, um diese gezielt anzusprechen. Das Profil einer „Persona" umfasst fachliche und persönliche Komponenten, wie Einstellungen und Ziele oder generelle Interessen. Diese Zusatzinformationen lassen die „Person" hinter der „Persona" lebendig wirken. Hiermit lassen sich die weiteren Personalmaßnahmen effizienter ableiten. Beispielsweise ist diese Strategie in Bezug auf die nachrückenden

Generationen von Bedeutung. Diese haben andere Anforderungen und Bedürfnisse, die auch Arbeitgebende berücksichtigen sollten. Schlüsselfragen sind hier: Inwieweit ist die Zielgruppe digital sozialisiert? Welchen Wert legt sie auf Sinnhaftigkeit, Transparenz oder Nachhaltigkeit bei der Arbeit (Wilser, 2020, S. 39)?

Der Aufbau einer positiven Arbeitgebermarke, die letztgenannte Maßnahme der gegenwärtigen Rekrutierungsstrategien, ist im Bereich Employer Branding verortet (vgl. Abschn. 2.5). Dieses kann sowohl interne als auch externe Maßnahmen beinhalten, um die eigene Arbeitgeber- bzw. Unternehmensmarke nach außen zu tragen (Kremmel & Walter, 2021, S. 504 f.). Nach Wilser (2020) als auch Capelan und Colbus (2023) ist der Auf- und Ausbau einer starken „Marke" im Fitness- und Gesundheitsmarkt heutzutage unverzichtbar. Fitnessstudios beispielsweise stehen sowohl in Bezug auf ihre Mitglieder- als auch Personalrekrutierung in Konkurrenz zueinander und wetteifern um die verfügbaren Kunden bzw. Arbeitskräfte (Wilser, 2020, S. 39).

Im Recruiting von zukünftigen Mitarbeitenden geht es zunächst darum, von der potenziellen Bewerbergruppe als attraktiver Arbeitgebender wahrgenommen zu werden. Schlüsselfragen sind in diesem Kontext: Gibt es eine definierte Studiokultur und wie wird diese „vermarktet"? Was sind die entsprechenden Werte und Ziele des Unternehmens? Wie sieht das Arbeitsumfeld aus? Welche Art von Mitarbeitenden wird gesucht und wie bindet man diese nachhaltig (Wilser, 2020, S. 39, fitnessmanagement, 2023)?

In Abschn. 5.4 werden drei gezielte Employer-Branding-Maßnahmen vorgestellt, um sich angesichts der wachsenden Personalherausforderungen und der Konkurrenzsituation im „War for Talents" von existierenden Marktbegleitern abzuheben. Zuvor behandeln Abschn. 5.2 und 5.3 interne und externe Rekrutierungsansätze, die im Fitness- und Gesundheitsmarkt gegenwärtig im Personalmanagement Anwendung finden.

5.2 Interne Rekrutierungsmöglichkeiten: Förderung der eigenen Nachwuchskräfte

Recruiting ist auf vielfältige Art und Weise möglich. So auch in Fitnessstudios. Prinzipiell kann entweder intern, also aus dem eigenen Unternehmen, oder extern rekrutiert werden (vgl. Abschn. 2.1). Wenn ein Arbeitsplatz besetzt werden soll, so liegt zunächst die interne Lösung nahe. Nach Angaben der Eckdaten-Studie zur deutschen Fitnesswirtschaft widmen sich laut DSSV (2023) Fitnessstudios verstärkt intern um die Förderung eigener Nachwuchskräfte. So beschäftigten 83,1 % der befragten Einrichtungen im Jahr 2022 mindestens einen dual Studierenden aus den Bereichen Fitnessökonomie, Ernährungsberatung oder Gesundheitsmanagement. Im Schnitt sind es sogar 2,3 dual Studierende, die in einem Fitnessstudio tätig waren (Kreis, 2023, S. 87 f.; DSSV, 2023). Allein an der Deutschen Hochschule für Prävention und Gesundheitsmanagement (DHfPG) waren im Jahr 2023 mehr als 8400 dual Studierende eingeschrieben (DHfPG, 2024). Der Deutsche Sportstudioverband betrachtet in seiner Eckdaten-Studie den Gesamtmarkt und berichtet hingegen in Summe von etwa 25.000 Immatrikulationen, die einem fitness- und gesundheitsspezifischen dualen Studiengang zuordenbar sind (DSSV, 2023). Anteilig bedeutet das 18,1 % der insgesamt 138.000 dual Studierenden in Deutschland (Spiegel, 2024). Die Zahl kann als Tendenz einer wachsenden Akademisierung im Fitness- und Gesundheitsmarkt betrachtet werden. Im Gegenzug dazu besteht die Gefahr, dass durch den Anstieg dual Studierender ausgeschriebene Ausbildungsplätze unbesetzt bleiben (Wilser, 2020, S. 38).

Durch die Verknüpfung von praxisorientierter Arbeit im Betrieb und theoretischer Vorlesungen an einer Hochschule, erhalten die Studierenden bereits während ihrer Ausbildungszeit tiefere Einblicke in die unterschiedlichen Einsatzgebiete einer Fitnesseinrichtung (Wegweiser-duales-Studium, 2024).

Im Zusammenhang mit der internen Förderung potenzieller Nachwuchskräfte liegen die Vorteile auf Unternehmensseite zum einen in den geringeren Werbungskosten. Zum anderen sinkt auch das Risiko einer späteren Personalfehlentscheidung, weil die jetzigen Führungskräfte selbst in der Rolle als Recruiter den Förder- und Entwicklungsprozess begleiten und somit die zukünftige Personalauswahl nach innen repräsentieren (Huber, 2018, S. 90; Weuster, 2012, S. 71).

Durch ein regelmäßiges und aktives Angebot an Fort- und Weiterbildungsmaßnahmen für die Gruppe der dual Studierenden kann der interne Rekrutierungsprozess im Hinblick auf den Fach- und Führungskräftenachwuchs bereits während ihrer Ausbildungszeit so gesteuert werden, dass Studieninhalte und erworbene Kompetenzen praxisnah und zielführend im Unternehmen eingebracht werden können. Beispielsweise durch die Übertragung von Verantwortungsbereichen oder Projekten wie Studioevents (Schumann, 2020, S. 84 ff.). Nach Abschluss des Studiums hingegen sorgen interne Mentoren- und Traineeprogramme, die Nachwuchskräfte individuell auf ihre neuen Fach- und Führungsaufgaben vorzubereiten (Mächler, 2020, S. 38 ff.).

5.3 Externe Rekrutierungsmöglichkeiten: Analoge und digitale Ansätze

Sind interne Bindungsmöglichkeiten ausgeschöpft, unterstützt der Einsatz externer Rekrutierungsmaßnahmen bei der Suche nach qualifizierten Mitarbeitenden. Innerhalb der externen Personalbeschaffung wird zwischen drei Möglichkeiten unterschieden (vgl. Abschn. 2.1).

Nach Kreis (2023) sowie Hirsch und Tauscher (2023) lassen sich für den Akteur „Fitnessstudio" vier geeignete externe Recruitingstrategien ableiten:

(1) Aufbau einer professionellen Karriereseite
(2) Nutzung von Online-Jobbörsen
(3) Einsatz von Social-Media-Recruiting
(4) Besuch von Job- und Karrieremessen

Im Gegensatz zur Sichtbarkeit des Angebots- und Leistungsbereichs, fehlen oftmals noch Optimierungsmaßnahmen für die des Karrierebereichs eines Fitnessstudios. Jedoch stellt eine professionelle Karriereseite einen wichtigen Baustein bei der Personalgewinnung dar (Dannhäuser, 2017, S. 14).

Suchmaschinenoptimiert und durch gezieltes Content Marketing kann die eigene Karrierewebsite sowohl das Aushängeschild des Fitnessstudios als auch das zentrale Kommunikationsmedium in der Personallokalisation und -akquisition sein. Dabei sind die wichtigsten Inhalte einer aussagekräftigen Karriereseite die Unternehmensbeschreibung, Einblicke in den Arbeitsalltag unter Berücksichtigung der unterschiedlichen Tätigkeitsbereiche sowie die Vorstellung des gesamten Studioteams (Dannhäuser, 2017, S. 14). Dort sollten zielgerichtete Informationen und Botschaften die Möglichkeit bieten, mit dem Fitnessstudio direkt und unkompliziert in Kontakt zu treten. Hierbei besitzt der Einsatz von Keywords bzw. Schlüsselwörtern hohe Relevanz. In dem Kontext ist SEO (Search Engine Optimization) eine wichtige Strategie, um das Ranking einer Webseite in den Suchergebnissen von Suchmaschinen zu verbessern. SEO ist besonders wichtig für Fitnessstudios, da es allgemein dazu beiträgt, sowohl mehr potenzielle Kunden als auch Mitarbeitende zu erreichen. Auch im Kontext der Identifikation von bestehendem Personal mit ihrem Arbeitsplatz kann die Optimierung einer Karrierewebseite mehr Bewerbende anziehen, indem beispielsweise ein Dialog von „alten" zu „neuen" Mitarbeitenden entsteht, die nach Stellen in einem Fitnessstudio suchen (Kreis, 2023, S. 87 f.).

Online-Jobbörsen hingegen bieten im Rahmen des E-Recruitings eine effektive Möglichkeit, passende Bewerbende für das Fitnessstudio zu finden. Online-Jobbörsen haben im Allgemeinen eine große Reichweite und Sichtbarkeit. Dort können zielgruppenspezifisch Anzeigen geschaltet werden. Neben kostenpflichtigen überregionalen Jobbörsen wie Indeed, Stepstone oder Monster beinhalten kostenlose Karriereplattformen wie beispielsweise aufstiegsjobs.de zahlreiche Wege, um Unternehmen und Bewerbende aus dem Fitness- und Gesundheitsmarkt zielführend zusammenzubringen.

Für die Aktivierung der Generationen Y und Z, den Digital Natives (vgl. Abschn. 2.1), bietet sich die Form des Social-Media-Recruitings besonders an. Es macht für das Fitnessstudio Sinn, neben den „klassisch" geschalteten Stellenanzeigen, analog wie digital, auch in den sozialen Medien wie beispielsweise den Plattformen TikTok und Instagram oder dem Businessnetzwerk LinkedIn entsprechend Mittel zur Personalgewinnung einzusetzen (Kreis, 2023, S. 86 ff.). Das Social-Media-Recruiting hat zum Ziel, mit potenziellen Bewerbenden auf einfachem Weg in Kontakt zu treten und sich daraufhin zu vernetzen. Hintergrund ist es durch Einblicke in den Studioalltag, Interviews von Mitarbeitenden oder Impressionen vom Arbeitsumfeld soll Interesse und Vertrauen, aber auch im Sinne des Employer Brands die notwendige Attraktivität, aufgebaut werden. So besteht darüber hinaus die Möglichkeit über die bespielten Kanäle das eigene Studioteam zu Multiplikatoren und Botschaftern der eigenen „Marke" zu machen.

Neben den rein digitalen Möglichkeiten kann auch der „klassische" Offlinebesuch von Karriere- und Jobmessen Erfolgschancen in sich tragen. Je nach Ausrichtung und Schwerpunkt der Messen können vor Ort sowohl Fach- als auch künftige Nachwuchskräfte wie dual Studien- oder Ausbildungsinteressierte im Bereich „Fitness" erreicht werden. Die Besuchenden dieser Events sind entweder aktiv auf Jobsuche oder wollen sich über Berufs- und Karrierewege informieren. Der Vorteil ist hierbei, dass Interessierte über den persönlichen Austausch direkt und in Persona überzeugt werden können. Neben der schnellen Reaktionsfähigkeit können bestehende Mitarbeitende vor Ort die „lebendige" Community zeigen.

5.4 Employer Branding als Bindeglied einer ganzheitlichen Rekrutierungsstrategie

Nachdem in Abschn. 2.5 der Bereich Employer Branding und seine Schwerpunkte thematisch eingeführt wurden, konnte in Abschn. 5.1 der Prozess des Aufbaus einer positiven Arbeitgebermarke für Fitnessstudios zunächst skizziert werden. Ob der Bewerbungsprozess verstärkt durch Social-Media-Recruiting (vgl. Abschn. 5.2) geprägt ist, und inwieweit Werte der Unternehmenskultur direkt in der Stellenausschreibung angesprochen werden, hängen auch von generationsspezifischen Bedürfnissen und Erwartungen (vgl. Abschn. 2.1 und 2.8) der potenziellen Mitarbeitenden an Arbeitsinhalte, Führung und Organisation ab. Auch marktspezifische Herausforderungen, wie beispielsweise die steigende Nachfrage nach Therapie- bzw. Gesundheitsdienstleistungen bedeutet einen höheren organisatorischen Aufwand für das Studiomanagement (fitnessmanagement, 2023).

Wie durch ganzheitliche Employer-Branding-Maßnahmen die Erfolgschancen im Rahmen der Personalgewinnung erhöht und nachhaltig eine starke Arbeitgebermarke aufgebaut werden kann, zeigen die Autoren Capelan und Colbus (2023) im Zusammenhang von drei konzeptionellen Ansätzen, die sich konkret auf Fitness- und Gesundheitsunternehmen beziehen. In Anlehnung an die Autoren werden diese folgend beschrieben (Capelan & Colbus, 2023, S. 100 ff.)

(1) Authentisches Nutzenversprechen des Arbeitgebers
(2) Fachlich- und sozialkompetenter Onboardingprozess
(3) Langfristige Mitarbeiterbindung

Das steigende Gesundheitsbewusstsein und der damit wachsende Bedarf an gesundheitsrelevanten Dienstleistungen (vgl. Abschn. 3.2) bilden mitunter die Grundlage, um als Fitness- und Gesundheitsunternehmen als attraktiver Arbeitgeber wahrgenommen zu werden. In dem Zusammenhang stellt die Employer Value Proposition (EVP) den Kern der Arbeitgebermarke dar. Die EVP ist das Nutzenversprechen des Arbeitgebers an seine Mitarbeitenden in Bezug auf die Arbeitsinhalte und -rahmenbedingungen wie beispielsweise flexible Arbeitszeiten oder Unternehmensbenefits. Die EVP beschreibt im Grundsatz somit die positiven Eigenschaften und Vorteile für bestehende und potenzielle Arbeitnehmende. Neben dem eigentlichen Nutzenversprechen wird innerhalb der EVP sowohl die Positionierung als auch die strategische Ausrichtung des Unternehmens definiert

(Kremmel & Walter, 2021, S. 510). Dabei können die wichtigsten Inhalte wie Unternehmensbeschreibung, Einblicke in den Arbeitsalltag sowie die Vorstellung des gesamten Studioteams beispielsweise im Rahmen einer separaten Karriereseite aufgezeigt werden (vgl. Abschn. 5.3). Darüber hinaus steigern das Angebot inklusiver Benefits, glaubwürdige Referenzen via Bewertungsplattformen wie kununu oder auch tieferführende Informationen zu aktuellen Projekten die Arbeitgebermarke und somit die Attraktivität als Arbeitgeber.

In der Phase der Personalintegration (vgl. Abschn. 2.4) ist der unternehmensentsprechende Onboardingprozess verankert, welcher eine systematische fachliche Einarbeitung sowie die soziale Integration von neuen Mitarbeitenden gewährleisten soll. Unzureichende Informationstransparenz kann sich schnell demotivierend auswirken. Besonders bei qualifizierten Fach- und Führungskräften besteht die Gefahr der frühzeitigen Fluktuation (Meier, 2007, S. 35 ff.). Hierbei bietet sich zunächst unmittelbar die Bereitstellung einer Willkommensmappe inklusive Leitbild, Vorstellung des gesamten Teams wie auch Fort- und Weiterbildungsmöglichkeiten an. Darüber hinaus dienen Begrüßungsgeschenke wie beispielsweise Stifte, Notizbücher oder Tassen mit Unternehmenslogo im Sinne des Employer Branding von Arbeitsbeginn die Identität und Werte der Fitnesseinrichtung hervorzuheben. Ferner wirken die Ankündigung zur Vorbereitung einer teaminternen als auch mitgliedernahen Begrüßung motivierend sich persönlich vorzustellen und im sozialen Kontext „Arbeitsumfeld" kennenzulernen. Aspekte des Arbeitsvertrages wie Gehalt, Arbeits- und Urlaubszeiten sind spätestens im Onboardingprozess (vgl. Kap. 2) festgelegt und beiderseitig bestätigt. Nach der Eingliederung in die Arbeitsprozesse können in der Orientierungsphase „neue" Mitarbeitende durch Mentoren und in Follow-up-Seminaren begleitet und verstärkt in informelle Aktivitäten einbezogen werden. Hierbei sollen weiche Faktoren wie Identifikations- und Zugehörigkeitsgefühl entwickelt werden (fitnessmanagement, 2023).

Der im Rahmen des Buches definierte Fitness- und Gesundheitsmarkt (vgl. Abschn. 4.1 und 4.3) kennzeichnet sich durch das Angebot persönlicher Dienstleistungen, beispielsweise in Form von Trainingsbetreuung oder Ernährungsberatung (vgl. Abschn. 4.4). Die Aufgaben, insbesondere in Fitnessstudios, sind personalintensiv und benötigen entsprechend fachliche Mitarbeitende. Die Untersuchung von Schwarzenberger (2021) ergab, dass „Qualifizierte Studiomitarbeiter als direkte Kundenbinder" ausgelegt werden können. Im Zusammenhang der psychologischen Bindungsursachen wie Kundenzufriedenheit wurde die Bedeutsamkeit des Strukturmerkmals „Personal" thematisiert. Ergänzend untermauern die erhobenen Ergebnisse, dass das Kundenbedürfnis nach persönlicher Beratung und aktiver Trainingsbetreuung wie Übungskorrektur und unmittelbares Feedback durch gut ausgebildete Studiomitarbeiter besonders hervorzuheben ist (Schwarzenberger, 2021, S. 150)

Aufgrund dieser Tatsache sind regelmäßige Mitarbeiterbefragungen, auch als strategischer Bestandteil im Post-Rekrutierungs- bzw. Mitarbeiterbindungsprozess ein Schlüsselfaktor für neue Impulse und Verbesserungsmöglichkeiten. Der persönliche vor allem offene Austausch in Form von Feedback- und Jahresgesprächen oder im Arbeitsalltag bieten

Gelegenheit, um Rückmeldungen einzuholen, Wahrnehmungen abzugleichen sowie Anerkennung und Wertschätzung zu zeigen. Im Ringschluss kann diese „Standortbestimmung" bzw. das Wissen um die von den Angestellten geäußerten „Qualitätsmängel" beispielsweise hinsichtlich der bestehenden Arbeitsbedingungen berücksichtigt werden, insbesondere aber im Aufbau einer nachhaltigen Mitarbeiterbindung von großem Nutzen sein (fitnessmanagement, 2023; Schwarzenberger, 2021, S. 151) Dies gilt bereits in der Förderungsphase eigener Nachwuchskräfte (vgl. Abschn. 5.2). Nach Abschluss der Ausbildung bzw. des dualen Studiums ist es empfehlenswert, den zukünftigen internen Fach- und Führungskräften die Möglichkeit zu geben, sich auch extern weiterzuentwickeln und weiterhin motivierende innerbetriebliche Aufgaben wie Eventplanungen zu übernehmen (fitnessmanagement, 2023).

5.5 Fazit der bisherigen Erkenntnisse und forschungsleitende Zielsetzung

Als Fazit der theoretischen Ausarbeitungen lässt sich zunächst ableiten, dass die in Kap. 2 dargelegten Kernelemente der Personalbeschaffung so in die gesellschaftlichen Problematiken eingebettet worden sind, dass ein Grundverständnis für die sich daraus entwickelnden Herausforderungen, insbesondere für das Personalmanagement, entstanden ist. Dabei haben sich die Schlagworte „War for Talents", Employer Branding (vgl. Abschn. 2.5) und Social-Media-Recruiting (vgl. Abschn. 2.6) als richtungsweisend für die spätere empirische Arbeit gezeigt. In dem Zusammenhang wurde ein Blick auch auf mögliche generationsspezifische Unterschiede im Bewerbungsverhalten gerichtet (vgl. Abschn. 2.8). Ferner wurden bereits im Rekrutierungsprozess eingesetzte KI-Tools näher betrachtet (vgl. Abschn. 2.7).

Um den Bogen von „Recruiting" zum „Fitness- und Gesundheitsmarkt" zu schlagen, wurden die begrifflichen Wurzeln und ihre zugrunde liegenden Inhalte und Definitionen in Abschn. 3.1 und 3.2 näher ausgeführt.

Die weitere theoretische Analyse hat gezeigt, dass sich aufgrund der Auswirkungen von demografischem Wandel und Megatrends wie „New Work" das ganze Spektrum an beeinflussenden Faktoren zum komplexen Bedeutungsfeld „Personalbeschaffung" nicht abbilden lässt. Erschwerend kommt hinzu, dass kaum ein Wirtschaftszweig so stark von Trends geprägt ist wie der in Abschn. 4.1 und 4.3 definierte Fitness- und Gesundheitsmarkt. Dies spiegelt sich auch in den gegenwärtigen Rekrutierungsstrategien und entsprechenden Maßnahmen der Fitness- und Gesundheitsanbieter wider (siehe Kap. 5). Wer auf dem heutigen Arbeitsmarkt (zukünftige) qualifizierte Fach- und Führungskräfte für sich gewinnen will, muss sich intensiver mit „modernen" Recruiting-Methoden auseinandersetzen. Schon aufgrund der nachfolgenden Generationen, welche andere Bedürfnisse und Ziele im Kontext „Arbeitsplatz" in sich tragen.

Im Fokus dieses vorliegenden Buches stehen die Fach-, Nachwuchs- und Führungskräfte im Fitness- und Gesundheitsmarkt. Für sie sind oftmals die persönliche Entfaltung

5.5 Fazit der bisherigen Erkenntnisse und forschungsleitende Zielsetzung

wichtiger als Karriere im klassischen Sinn. Themen wie „Ausgeglichenheit", „Authentizität" und „Identifikation" werden zunehmend bedeutsamer (Wilser, 2020, S. 38 f.).

So kann an dieser Stelle bereits festgehalten werden, dass sich die Einstellung und das Verhalten eines werdenden Mitarbeitenden gegenüber seinem neuen Arbeitsplatz bzw. Arbeitgeber schon lange vor seinem ersten Tag im Unternehmen zu formen beginnt. Der Einstellungsprozess ist ein wesentlicher Faktor dafür, wie Bewerbende ihr späteres Arbeitsumfeld wahrnehmen, und beeinflusst auch, ob das Unternehmen als attraktiver Arbeitgeber empfunden wird. Daher ist es von hoher Relevanz, den gesamten Rekrutierungsprozess so effizient, professionell und informativ wie möglich zu gestalten.

Nachdem die zentralen Bausteine der Personalbeschaffung im Kontext bestehender Rekrutierungsstrategien im Fitness- und Gesundheitsmarkt vorgestellt und ihre wesentlichen Aspekte vor dem thematischen Hintergrund tiefer gehend beleuchtet wurden, soll das Buch im Sinne der Primärforschung eine praktisch orientierte Analyse der Sicht von Fach-, Nachwuchs- und Führungskräften anstellen. Die daraus gewonnenen Ergebnisse der Untersuchung werden näher beschrieben, in dem sie erfasst und anhand deskriptiver Statistik quantifiziert und anschließend ausgewertet werden (siehe Kap. 7).

Aus den theoretischen Darlegungen zum Status quo hat sich gezeigt, dass es für das einzelne Unternehmen im Markt zukünftig unerlässlich scheint, Maßnahmen zur Personalentwicklung im Rahmen geeigneter Recruitingstrategien zu ergreifen, um den eigenen Personalbedarf zu decken. Daher soll das hauptsächliche Forschungsziel dahingehend formuliert werden, die ganze Bandbreite des Status quo empirisch zu untersuchen, in dem gegenwärtige Einstellungen, Wahrnehmungen und Bedürfnisse von bestehenden Mitarbeitenden in ausgewählten Arbeitsbereichen des Fitness- und Gesundheitsmarktes erfasst werden.

Ausgehend von den in den vorherigen Kapiteln ausführlich betrachteten theoretischen Hintergründen und Erkenntnissen wird nun für die weitere empirische Analyse die forschungsleitende Frage abgeleitet: Wie lassen sich relevante Aspekte des Recruiting aus der Perspektive von Fach,- Nachwuchs- und Führungskräften in den derzeitigen Status Quo im Fitness- und Gesundheitsmarkt einordnen?

Zur einfacheren Nachvollziehbarkeit wird sich die Diskussion an den Inhalten der Subtests im Fragebogen orientieren.

(1) Subtest zur Bestimmung von Bewerbungsverhalten und Personalstatus
(2) Subtest zur Bestimmung rekrutierungsspezifischer Indikatoren
(3) Subtest zur Bestimmung soziodemografischer Indikatoren
(4) Subtest zur Bestimmung und Einordnung des Marktakteurs

Hierzu wurde ein entsprechend angelegtes Befragungsinstrument entwickelt. Die aus den in den Kap. 1, 2, 3 und 4 aufgezeigten theoretischen Hintergründe werden nun zur einfacheren Zuordnung der späteren Fragen und ihren Items zusammengefasst:

Die wesentliche Problematik und die damit entstandene Forschungslücke zeichneten sich schließlich dadurch ab, dass durch das Fehlen bisheriger, vor allem wissenschaftlich gestützter Erkenntnisse in diesem speziellen Themenfeld, keine gültigen Aussagen und dementsprechend Schlussfolgerungen sowohl in Bezug auf Personalrekrutierung als auch das zugehörige Management gemacht werden können.

Als Anregung und Ideenfindung konnten sämtliche Beiträge und Artikel aus den Fachzeitschriften der Fitnessbranche (vgl. Abschn. 5.2, 5.3 und 5.4) hinzugezogen werden, jedoch wurde deutlich, dass ihre Erkenntnisse für die weitere Bearbeitung des Forschungsvorhabens nur bedingt geeignet sind.

Literatur

Capelan, N., & Colbus, A. (2023). Employer Branding nachhaltig erfolgreich gestalten. *Fitness MANAGEMENT international, 3*(167), 100–103.

Dannhäuser, R. (2017). *Praxishandbuch Social Media Recruiting. Experten KnowHow/Praxistipps/Rechtshinweise* (3. Aufl.). Springer Gabler.

DHfPG – Deutsche Hochschule für Prävention und Gesundheitsmanagement. (2024). *Historie – Die Entwicklung.* https://www.dhfpg.de/die-hochschule/historie. Zugegriffen am 20.09.2024

DSSV e.V. – Deutscher Sportstudio Verband e.V. (Hrsg.). (2023). *Eckdaten der deutschen Fitness-Wirtschaft 2023.*

Fitnessmanagement. (2023). *Zukunft gemeinsam gestalten: Praxisimpulse für Recruiting und Personalentwicklung.* https://www.fitnessmanagement.de/management/praxisimpulse-fachkraefte-personalentwicklung-recruiting. Zugegriffen am 20.08.2024

Hirsch, T., & Tauscher, N. (2023). *Recruiting 4.0: Online Mitarbeiter gewinnen.* https://www.bodymedia.de/themen/personal/recruiting-40-online-mitarbeiter-gewinnen.html. Zugegriffen am 03.08.2024

Huber, A. (2018). *Personalmanagement* (Vahlens Kurzlehrbücher, 2., überarb. u. akt. Aufl.). Franz Vahlen.

Kreis, F. (2023). Recruiting und Personalentwicklung im Studio. Nachwuchskräfte finden, fördern und entwickeln. *fitness MANAGEMENT international, 3*(167), 86–88.

Kremmel, D., & Walter, B. (2021). Employer Branding. In S. Einwiller, S. Sackmann, & A. Zerfaß (Hrsg.), *Handbuch Mitarbeiterkommunikation. Interne Kommunikation in Unternehmen* (S. 503–522). Springer Gabler.

Mächler, A. (2020). Traineeprogramme in der Fitness- und Gesundheitsbranche – Führungskräfte von morgen ausbilden. *fitness MANAGEMENT international, 5*(151), 38–41.

Meier, R. (2007). *Einführung neuer Mitarbeiter. Fünf Schritte zu einer professionellen Einführung neuer Mitarbeiter.* Gabal.

Schumann, O. (2020). Entwicklung von Leistungsträgern in der Fitnessbranche. Führungskräfte von morgen im Fokus. *fitness MANAGEMENT international, 3*(155), 84–86.

Schwarzenberger, D. (2021). *Fitnessstudios im Trend der Digitalisierung – Eine Untersuchung relevanter Aspekte zur Kundenzufriedenheit im Kontext der Kundenbindung.* Hofmann.

Softgarden. (2024). *Candidate Persona erstellen: So rückst du Kandidaten in den Fokus deiner Candidate Journey.* https://softgarden.com/de/wie-erstelle-ich-candidate-personas/. Zugegriffen am 23.09.2024

Spiegel. (2024). *Praxisnahe Hochschulausbildung.* https://www.spiegel.de/start/duales-studium-138-000-menschen-in-deutschland-studieren-dual-so-viele-wie-nie-a-13acb095-c6f3-4c1f-bf4e-6a287a305b22. Zugegriffen am 19.09.2024

Literatur

Statista. (2024). *Unternehmen in Deutschland: Anzahl der rechtlichen Einheiten in Deutschland nach Beschäftigtengrößenklassen im Jahr 2022.* https://de.statista.com/statistik/daten/studie/1929/umfrage/unternehmen-nach-beschaeftigtengroessenklassen/. Zugegriffen am 05.08.2024

Wegweiser-duales-Studium. (2024). *Duales Studium. Dein Studienführer rund ums dual studieren.* https://www.wegweiser-duales-studium.de/. Zugegriffen am 19.09.2024

Weuster, A. (2012). *Personalauswahl I. Internationale Forschungsergebnisse zu Anforderungsprofil, Bewerbersuche, Vorauswahl, Vorstellungsgespräch und Referenzen* (3. Aufl.). Gabler.

Wilser, A.-C. (2020). Der Ausbildungsmarkt im Wandel. Bodylife. Ausgabe 09|2020. bodyLIFE Medien GmbH, S. 38–40.

Teil II

Experten im Fokus: Befragung der Fach-, Nachwuchs- und Führungskräfte

Teil II widmet sich den empirischen Befunden. Zur Beantwortung der forschungsleitenden Fragestellung (vgl. Abschn. 5.5) wurde eine Onlinebefragung von Mitarbeitenden im Fitness- und Gesundheitsmarkt gewählt, um möglichst eine randomisierte breit gefächerte Stichprobe zu generieren.

Innerhalb der folgenden Kapitel wird das methodische Vorgehen, insbesondere der Entwicklungsprozess des Messinstrumentes, erläutert. Beinhaltet waren eine Pilot- als auch eine Hauptstudie, die beide gleichartig aufgebaut waren. Es folgt eine Zusammenfassung der Rahmenbedingungen (vgl. Kap. 6), woran sich die deskriptive Auswertung anschließt (vgl. Abschn. 7.3).

6 Methodik

Dieses Kapitel bietet einen umfassenden Überblick über die Vorgehensweise der empirischen Befragung. Es beginnt mit dem Untersuchungsdesign, das die Struktur und den Rahmen der Studie festlegt, um das Forschungsziel effektiv zu erreichen. Im Abschnitt zum grundlegenden Aufbau des Fragebogens wird erläutert, wie dieser konzipiert ist, um relevante Daten zu erfassen. Ein weiterer wichtiger Bestandteil des Kapitels ist die Dokumentation der Itemsammlung für den Fragebogen, die die einzelnen Fragen und Indikatoren beschreibt, die zur Datenerhebung verwendet werden. Darüber hinaus werden die vier spezifischen Subtests vorgestellt. Hierbei werden Bewerbungsverhalten und Personalstatus, rekrutierungsspezifische und soziodemografische Indikatoren und die Einordnung des Marktakteurs bestimmt.

6.1 Untersuchungsdesign

Wie erwartet, musste auch nach Abschluss der Literaturrecherche festgestellt werden, dass aufgrund fehlender spezifischer Erkenntnisbeiträge zum Zeitpunkt der Datenerhebung auf kein standardisiertes Messinstrument zurückgegriffen werden kann. Dennoch konnten zumindest erste Anregungen und Annahmen aus der Theorie als Grundlage herangezogen werden. Ziel war es nun, neue Erkenntnisse anhand einer eigens angelegten Studie von bestehenden Mitarbeitenden aus dem Fitness- und Gesundheitsbereich zu gewinnen. Im Anschluss an die empirische Untersuchung wurden mittels deskriptiver Statistik die gesammelten Daten quantifiziert, um wie geplant im Sinne einer Bestandsaufnahme eine grundsätzliche Übersicht über die Ergebnisse zu erhalten. Zur Informationsverdichtung sind Häufigkeiten und Häufigkeitsverteilungen angegeben worden. Für die Umsetzung wurde auf eine quantitative Onlinebefragung zurückgegriffen (Raab et al., 2009, S. 26).

6.2 Grundlegender Aufbau des Messinstrumentes

Da kein standardisierter Fragebogen zum Zeitpunkt der Erhebung vorlag und das Ziel dahin-gehend bestand, möglichst umfangreiche primäre Daten zu generieren, lag das Hauptaugen-merk auf dessen konzeptionelle als auch strukturelle Erarbeitung. Dies wird in dem folgenden Unterkapitel skizziert.

Der webbasierte Fragebogen richtete sich explizit an Mitarbeitende im Fitness- und Gesundheitsmarkt. Es wurden damit ausschließlich Fach-, Nachwuchs und Führungskräfte angesprochen. In Ergänzung dazu wurden Aushilfskräfte, die nebenberuflich in fitness- und gesundheitsbezogenen Einrichtungen tätig sind, zur Studie eingeladen, um eventuelle Unterschiede in Verhalten, Einstellungen und Bedürfnisse zu den anderen Befragungsgruppen zu untersuchen.

Der Fragebogen wurde folgendermaßen aufgebaut: Zu Beginn wurde in einem allgemeinen Einleitungstext das Buchprojekt, dessen Rahmenbedingungen sowie das Ziel des Vorhabens kurz erläutert. Darüber hinaus wurde auf die gewissenhafte und vollständige Bearbeitung als auch deren Anonymisierung hingewiesen. Der Fragebogen beinhaltet insgesamt 15 Fragen, wobei die durchschnittliche Bearbeitungsdauer in etwa 10 min beträgt.

Zur Erzielung quantifizierbarer und valider Ergebnisse bei möglichst überschaubarem Zeitaufwand, besteht der Fragebogen aus überwiegend geschlossenen Fragen. Die finale Version des Onlinefragebogens setzt aus 12 geschlossenen und 3 offenen Fragen zusammen.

Die Befragungsteilnehmenden sollten sich im Rahmen der geschlossenen Fragestellung in den vorgegebenen Antwortkategorien unmittelbar wiederfinden und möglichst eindeutig zuordnen können (Kuß, 2012, S. 87). Bei zwei Fragen schien die eindeutige Beurteilung aufgrund fehlender bzw. tiefer gehender strategischer Unternehmenseinsichten nicht jedem Probanden möglich zu sein. Hier konnte die neutrale Kategorie „keine Aussage möglich" als zusätzliche Antwortoption genutzt werden.

Um einen essenziellen Informationsverlust zu vermeiden, sollten die verwendeten Messskalen nicht zu grob gegliedert werden (Matzler & Bailom, 2009, S. 291 f.) Zur eindeutigen Zuordnung der Probanden, wurde der Einsatz einer vierstufigen Skalierung gewählt.

6.3 Itemsammlung

Sowohl das gewählte Untersuchungsdesign als auch die Ergebnisse der Literaturrecherche haben bestätigt, dass die Notwendigkeit einer Neukonzeption der Items gegeben war, mit dem Ziel neue und bisweilen noch unbeachtete Aspekte abbilden und untersuchen zu können. An dieser Stelle sei herausgestellt, dass jegliche Anpassungen und Ergänzungen, die während des gesamten Entwicklungsprozesses bis hin zur finalen Endversion des Fragebogens vorgenommen wurden, in der vorstehenden Dokumentation bereits beinhaltet sind (vgl. Anhang).

Es erschien wichtig, die verschiedenen Befragungsbereiche, d. h. die konzipierten Subtests, für den Probanden übersichtlich anzuordnen (Berekoven et al., 2001, S. 366). Um die Bearbeitungszeit so kurz wie möglich zu halten, als auch in Erwartung einer vielschichtigen Bandbreite an Untersuchungsteilnehmenden sollten die Items einfach und eindeutig verständlich formuliert werden. Bei der Anfertigung der Fragen und der Items wurde somit besonderer Wert auf eine klare Wortwahl als auch einen unkomplizierten Ausdrucksstil gelegt. Items zu gemeinsamen Themenkomplexen wurden aufeinanderfolgend innerhalb der entsprechenden Subtests behandelt, um Gedankensprünge der Befragten zu vermeiden (Mayer, 2013, S. 96). Zudem war es ein Anliegen, es für weiterführende Forschungen möglich zu machen, die Befragung zu einem späteren Zeitpunkt nachzuvollziehen und wenn nötig reproduzieren zu können (Raithel, 2008, S. 67).

Die Herleitung der Items und deren Dokumentation sind Gegenstand des vorstehenden Kapitels. Dies geschieht in detaillierter Form, um somit Gedankengänge und Entscheidungen hinsichtlich der Fragen- und der Itemwahl für das Erhebungsinstrument möglichst klar und nachvollziehbar zu machen. Zur besseren Übersicht soll folgende Zusammenfassung die Gliederung des Fragebogens in dessen verschiedene Bestandteile darstellen. Die Kontexte der Subtests sind dabei der zentralen Forschungsfrage gefolgt (vgl. Abschn. 5.5).

Zu Beginn war die Festlegung der Zielgruppe für die vorliegende Studie erforderlich. Die Besonderheit lag darin, dass die in Abschn. 4.4 vordefinierten Beschäftigtengruppen, d. h. ausschließlich Mitarbeitende, die im Fitness- und Gesundheitsmarkt tätig sind, befragt werden sollten. Hierauf ist im Einleitungstext ausdrücklich hingewiesen worden.

Zum tieferen Verständnis des strukturellen und inhaltlichen Aufbaus werden nun die im Kontext befindlichen Subtests des Fragebogens zusammengefasst:

(1) Subtest zur Bestimmung von Bewerbungsverhalten und Personalstatus (Fragen 1 bis 4)
(2) Subtest zur Bestimmung rekrutierungsspezifischer Indikatoren (Fragen 5 bis 8)
(3) Subtest zur Bestimmung soziodemografischer Indikatoren (Fragen 9 bis 12)
(4) Subtest zur Bestimmung und Einordnung des Marktakteurs (Fragen 13 bis 14)

Das Erhebungsinstrument endet mit Frage 15 zur Bestimmung des persönlichen Fragebogenzugangs.

6.3.1 Subtest zur Bestimmung von Bewerbungsverhalten und Status

Die Items des ersten Subtests setzen sich aus den Fragen 1 bis 4 zusammen (siehe Tab. 6.1). Basierend auf den Erkenntnissen aus Kap. 2 konnten dargelegte Ausführungen zur Personalbeschaffung für die Konzeption der Items herangezogen werden. Daneben diente

Tab. 6.1 Frage 1 zur bisherigen Bewerbungsanzahl für Stellen im Fitness- und Gesundheitsmarkt

Subtest zur Bestimmung von Bewerbungsverhalten und Personalstatus
Frage 1: Ihre bisherige Bewerbungsanzahl für Stellen im Fitness- und Gesundheitsmarkt Bitte beachten Sie, dass die folgenden Angaben *nur* in Bezug auf Bewerbungen im Fitness- und Gesundheitsbereich gelten. Fragetext: Wie viele Bewerbungen haben Sie in den letzten 5 Jahren schätzungsweise abgeschickt? ☐ keine ☐ 1 bis 5 Bewerbungen ☐ 6 bis 20 Bewerbungen ☐ 21 bis 50 Bewerbungen ☐ mehr als 51 Bewerbungen

Kap. 5 mit seinen Inhalten zu den gegenwärtigen Rekrutierungsstrategien im Fitness- und Gesundheitsmarkt als weiterer Gedankenanstoß im Aufbau des vorliegenden Subtests.

In Abschn. 2.1 wurde beschrieben, dass Kandidierende, branchenunabhängig, im Schnitt 25 Bewerbungen benötigen, um ein Jobangebot zu erhalten. Davon ausgehend versenden 30 % bis zu fünf Bewerbungen, um erfolgreich zu sein. Hingegen sind es über 47 % der Arbeitssuchenden, die zwischen sechs und 25 Anschreiben abschicken. Jeder zehnte Kandidierende schreibt über 50 Bewerbungen, um letztlich ein Stellenangebot zu bekommen.

Frage 1 nimmt genau diese Thematik auf und untersucht anhand von fünf Einstufungsmöglichkeiten, inwieweit die im obigen Abschnitt beschriebenen Ergebnisse mit denen der befragten Mitarbeitenden übereinstimmen. Tab. 6.1 zeigt die entsprechenden Parameter.

Die zweite Frage des Messinstrumentes zielt auf das Bewerbungsverhalten der Probanden ab. Hierbei geht es insbesondere um die beiden Komponenten „analog" und „digital". Mit ausschließlichem Blick auf Stellenausschreibungen, die im direkten Bezug zum Fitness- und Gesundheitsmarkt stehen, sollten die befragten Mitarbeitenden ihr Verhaltensmuster anhand der vierstufigen Skalierung bewerten.

In Abschn. 5.2 wurden konkrete Recruitingstrategien beschrieben. Diese sind in die Entwicklung der entsprechenden Items miteinbezogen worden. Inhaltlich sollte der Proband beispielsweise auf die Nutzung professioneller Karriereseiten und Online-Jobbörsen eingehen. Als analoger Ansatz musste der Proband auch den Besuch von Job- und Karrieremessen in Bezug auf sein Bewerbungsverhalten einschätzen. In Tab. 6.2 sind die finalen fünf Items dargestellt.

Die Frage 3 der Studie zeigt eine Besonderheit. Sie fordert den Teilnehmenden dazu auf, eine persönliche Rangfolge um die Bedeutung der vier aufgelisteten Ziele und Motive vorzunehmen. Die beschriebenen Aussagen galten nur in Bezug auf das derzeitige Arbeitsumfeld des Probanden hinsichtlich seiner Tätigkeit im Fitness- und Gesundheitsbereich.

Bestehende Erkenntnisse über die genaue Wertigkeit der Ziele und Motive, insbesondere für Mitarbeitende des Untersuchungsbereiches, sind aus der vorausgegangenen Literaturrecherche nicht bekannt. Daher fehlen Vergleichsdaten, die in der Auswertung

6.3 Itemsammlung

Tab. 6.2 Frage 2 zum Bewerbungsverhalten gegenüber Stellenausschreibungen im Fitness- und Gesundheitsmarkt

Subtest zur Bestimmung von Bewerbungsverhalten und Personalstatus
Frage 2: Ihr Bewerbungsverhalten gegenüber Stellenausschreibungen im Fitness- und Gesundheitsmarkt Bitte beachten Sie, dass die folgenden Aussagen *nur* in Bezug auf Bewerbungen im Fitness- und Gesundheitsbereich gelten: ☐ trifft überhaupt nicht zu ☐ trifft eher nicht zu ☐ trifft eher zu ☐ trifft vollkommen zu
5 Items ☐ Ich schicke meine Bewerbungen immer per Post. ☐ Ich bewerbe mich ausschließlich über E-Mail. ☐ Wenn ich mich für eine Stelle bewerbe, fülle ich nur das Bewerbungsformular auf der Unternehmenswebseite aus. ☐ Ich bewerbe mich rein über Online-Jobbörsen wie z. B. Indeed oder Stepstone. ☐ Meine Bewerbungsunterlagen gebe ich stets persönlich in schriftlicher Form direkt im Unternehmen ab.

Tab. 6.3 Frage 3 zur Bewerbungsmotivation für Stellen im Fitness- und Gesundheitsmarkt

Subtest zur Bestimmung von Bewerbungsverhalten und Personalstatus
Frage 3: Bitte ordnen Sie die folgenden Aussagen in der Reihenfolge Ihrer *momentanen* Bedeutung für Sie ein: 1. = die wichtigste Aussage, 4. = die am wenigsten wichtige Aussage Bitte beachten Sie, dass die folgenden Aussagen *nur* in Bezug auf Ihr derzeitiges Arbeitsumfeld im Fitness- und Gesundheitsbereich gelten:
4 Items ☐ Meine Motivation ist ein hohes Gehalt. ☐ Selbstverwirklichung ist mein großes Ziel ☐ Meine Tätigkeit muss mir hohe Flexibilität bieten wie z. B. hybride Arbeitsmöglichkeiten. ☐ Eine ausgewogene Work-Life-Balance ist für mich ein wichtiger Faktor.

und Diskussion miteinbezogen werden können. In Tab. 6.3 sind die vier eigens konzipierten Items abgebildet.

Mit Frage 4 schließt der erste Befragungsblock ab. Hierbei wurde der gegenwärtige Status des Probanden in Bezug auf seinen zentralen Aufgabenbereich im Unternehmen aufgegriffen.

In Abschn. 4.4 ließen sich in Anlehnung an Stemper und Grubendorfer (2011) und Rieger (2011) hinsichtlich des strukturellen Merkmals „Personal" vier Mitarbeitergruppen für Fitness- und Gesundheitseinrichtungen ableiten. Die dort vorgenommene Kategorisierung diente als Vorlage für die folgende Frage.

Das Ziel der Untersuchung war hierbei, eine spezifische Statusunterscheidung der Probanden zu erhalten, um diese für erweiterte Betrachtungsmöglichkeiten beispielsweise in Bezug auf ihre Motive oder der Wahrnehmung zur Arbeitgebermarke statistisch auswerten zu können. Die befragten Mitarbeitenden sollten sich nun in eine der vier vorgegebenen Beschäftigungsgruppen einordnen. Zum einheitlichen Verständnis und der einfacheren

Tab. 6.4 Frage 4 zum Status des Probanden in Bezug auf die Mitarbeitergruppenzugehörigkeit

Subtest zur Bestimmung von Bewerbungsverhalten und Personalstatus
Frage 4: Bitte ordnen Sie sich einer Mitarbeitergruppe zu: Zum einheitlichen Verständnis werden im Folgenden die unterschiedlichen Mitarbeitergruppen definiert: Fachpersonal: Status: Anerkannter Ausbildungsabschluss, erworbene Kenntnisse und Berufserfahrung im Fachgebiet wie z. B. Sportwissenschaftler, Physiotherapeuten, Absolventen aus dualen Studiengängen, Sport- und Fitnesskaufleute, ausgebildete Fachkräfte oder lizenzierte Trainer für die Bereiche Sport, Fitness und/oder Gesundheit Führungspersonal: Status: Geschäftsführende, Gesamtstudioleitende, Leiter von einzelnen Bereichen wie z. B. Trainingsfläche, Kursbetrieb, Sauna- und Wellnessbereich, Gastronomie, Theke oder Rezeption (Potenzielles) Nachwuchspersonal: Status: derzeit Auszubildende oder dual Studierende in den Bereichen Sport, Fitness und/oder Gesundheit Sonstiges Personal: Status: nur Aushilfskräfte wie z. B. Trainer mit geringfügiger Beschäftigung in den Bereichen Sport, Fitness und/oder Gesundheit
4 Antwortmöglichkeiten ☐ Fachpersonal ☐ Führungspersonal ☐ (Potenzielles) Nachwuchspersonal ☐ Sonstiges Personal

Beantwortung wurden Kennzeichen und Beispiele der unterschiedlichen Mitarbeitergruppen herausgestellt. In Tab. 6.4 sind diese dargelegt.

6.3.2 Subtest zur Bestimmung rekrutierungsspezifischer Indikatoren

Der zweite Subtest, der sich aus den Fragen 5 bis 8 begründet, umfasst den Befragungsblock zur Bestimmung rekrutierungsspezifischer Indikatoren. Die Zusammenstellung der Items erfolgte anhand der gewonnenen Erkenntnisse aus den Kap. 2, Abschn. 4.3, 5.3 und 5.4.

Bei Frage 5 sollte der Proband die derzeitige Personalsituation in seinem Unternehmen anhand der vierstufigen Skalierung einschätzen. Die Items waren explizit und forderten tiefer gehende Kenntnisse zur strategischen Unternehmensführung. In der Fragebogenplanung ist davon ausgegangen worden, dass dieses Wissen nicht jeder Proband besitzen würde. Somit konnte die neutrale Kategorie „keine Aussage möglich" als zusätzliche Antwortoption genutzt werden.

Wie in Kap. 1 beschrieben, wird auf dem Gesundheitsmarkt derzeit um die bestausgebildeten Nachwuchskräfte gekämpft. Seit 2011 ist hier die Zahl offener Stellen von rund 40.000 auf über 57.000 im Jahr 2021 angewachsen (Seyda et al., 2021, S. 1). In diesem Zusammenhang spricht man von einem „War for Talents", dem „Krieg um Talente". Im Fokus steht dabei die Fachkraft als Wirtschaftsfaktor (Rottmann & Witte, 2019, S. 2). Vor dem Hintergrund der Knappheit fällt insgesamt dem Prozess der Rekrutierung eine stetig wachsende Bedeutung zu (Scholz, 2003, S. 27 ff.).

Inwieweit diese Aussagen für den eigenen Untersuchungsgegenstand gültig sind, kann an dieser Stelle nicht benannt werden. Daher sollten für die Frage 5 entsprechende Items konzipiert werden, die diese Thematik behandeln.

Anhand der Ausführungen in Abschn. 4.3 konnten erste relevante Erkenntnisse identifiziert werden. Aufgrund steigender Auslastung und der Prognose wachsender Mitgliederzahlen erhöht sich in Folge der Personalbedarf in den stationären Fitnesseinrichtungen. So haben insbesondere die Anstellungsverhältnisse der Gruppen „dual Studierender" und „Honorarkräfte" die höchsten Zuwächse. Konkrete Zahlen und Daten wurden in diesem Kontext nicht erhoben bzw. untersucht. Das Wissen um diesen Hintergrund beeinflusste die Konzeption der Items für Frage 5. Der Tab. 6.5 können die fünf konzipierten Items entnommen werden.

Mithilfe von Frage 6 sollte die vom Probanden wahrgenommene Rekrutierungsstrategie untersucht werden. Hierfür wurden u. a. die Erkenntnisse aus Abschn. 2.1 herangezogen. Grundsätzlich stehen dem Personalmanagement zwei mögliche Wege zur Auswahl, entweder der interne Prozess, also aus dem eigenen Unternehmen heraus, oder alternativ anhand externer Maßnahmen (Huber, 2018, S. 90; Weuster, 2012, S. 71). Abschn. 5.1 zeigte, dass insbesondere Fitnessstudios verstärkt intern um die Förderung eigener Nachwuchskräfte bemüht sind. So beschäftigten 83,1 % der vom Deutschen Sportstudioverband (DSSV) befragten Einrichtungen mindestens einen dual Studierenden aus den Bereichen Fitnessökonomie, Ernährungsberatung oder Gesundheitsmanagement. Im Schnitt waren es sogar 2,3 dual Studierende, die in einem Fitnessstudio tätig waren (Kreis, 2023, S. 87 f.; DSSV, 2023). Die Autoren Kreis (2023) sowie Hirsch und Tauscher (2023) konnten vier geeignete externe Recruitingstrategien für Fitness- und Gesundheitseinrichtungen ableiten (vgl. Abschn. 5.2).

Beide Optionen der Personalbeschaffung, die interne und externe, sind in der Konzeption der Items miteinbezogen worden.

Tab. 6.5 Frage 5 zur Einschätzung der derzeitigen Personalsituation im Unternehmen des Probanden

Subtest zur Bestimmung rekrutierungsspezifischer Indikatoren
Frage 5: Ihre Einschätzung zur derzeitigen Personalsituation in Ihrem Unternehmen
Fragetext: Inwieweit treffen folgende Aussagen Ihrer Wahrnehmung nach zu?   ☐ trifft überhaupt nicht zu ☐ trifft eher nicht zu ☐ trifft eher zu ☐ trifft vollkommen zu ☐ keine Aussage möglich
5 Items   ☐ Wir haben aktuell Personalbedarf.   ☐ Uns fehlen ausgebildete Fachkräfte.   ☐ Führungspositionen werden erst nach mindestens 4 Monaten besetzt.   ☐ Wir haben Probleme mit der Besetzung von Ausbildungsplätzen.   ☐ Auszubildende oder dual Studierende werden als vollwertige Fachkräfte eingesetzt.

Dem Abschn. 2.7 zufolge differenzieren sich die technischen Möglichkeiten im Recruiting zunehmend aus. So werden inzwischen KI-gestützte Tools im Beschaffungsprozess gezielt eingesetzt. Darunter sind beispielsweise Chatbots wie ChatGPT, also Computeragenten, zu finden (medicaltopjobs, 2024). Entsprechende Erkenntnisse für den Fitness- und Gesundheitsmarkt fehlen. Aus diesem Grund wurde die Nutzung von KI-basierten Anwendungen als Item in Frage 6 integriert.

Wie bereits bei Frage 5 schien die eindeutige Beurteilung aller Items aufgrund fehlender Unternehmenseinsichten nicht jedem Probanden möglich zu sein. Auch hier konnte die neutrale Kategorie „keine Aussage möglich" als zusätzliche Antwortoption genutzt werden. Tab. 6.6 verdeutlicht die sieben konzipierten Items.

Im Rahmen von Frage 7 sollte der befragte Mitarbeitende seine persönliche Meinung zur Arbeitgebermarke aufzeigen. Nachdem in den Abschn. 2.5 und 5.4 der Bereich Employer Branding und seine Schwerpunkte thematisch eingeführt wurden, konnte in Kap. 4 der Prozess um den Aufbau einer positiven Arbeitgebermarke für Fitnessstudios skizziert werden. Hierbei zentrierten sich als inhaltliche Schwerpunkte: „Identifikation", „Image" und die Möglichkeit zur ausgewogenen „Work-Life-Balance". Die insgesamt sechs Items berücksichtigen auch das Mitspracherecht zu Unternehmensabläufen und die angemessene Entlohnung als attraktive Arbeitgeberelemente. In Tab. 6.7 werden die relevanten Items vorgestellt.

Im Rahmen der abschließenden Frage 8 des Subtests zur Bestimmung rekrutierungsspezifischer Indikatoren sollten persönliche Veränderungsvorschläge der Probanden analysiert werden, die den Ihnen bekannten Recruitingprozess betreffen.

In Kap. 2 wurden die Kernaufgaben inhaltlich beleuchtet. Diese erstrecken sich von der Konzeption von Anforderungsprofilen über die Durchführung bedarfsspezifischer

Tab. 6.6 Frage 6 zur Wahrnehmung zur Recruitingstrategie im Unternehmen des Probanden

Subtest zur Bestimmung rekrutierungsspezifischer Indikatoren
Frage 6: Ihre Wahrnehmung zur Recruitingstrategie in Ihrem Unternehmen Fragetext: Inwieweit treffen folgende Aussagen Ihres Wissens zu? ☐ trifft überhaupt nicht zu ☐ trifft eher nicht zu ☐ trifft eher zu ☐ trifft vollkommen zu ☐ keine Aussage möglich
7 Items ☐ Bei uns werden Nachwuchs- und Führungskräfte vorrangig intern herangezogen, z. B. durch Förderung unserer Auszubildenden oder dual Studierenden. ☐ Wir besetzen vakante Stellen ausschließlich mit externen Bewerbenden. ☐ Es werden rein digitale Netzwerke und Plattformen wie z. B. LinkedIn oder Instagram genutzt, um Bewerbende zu finden. ☐ Wir schalten *keine* Stellenanzeigen in Printmedien. ☐ Mein Unternehmen ist hauptsächlich auf Job- oder Karrieremessen vertreten, um persönlich in Kontakt mit potenziellen Bewerbenden zu kommen. ☐ Die Nutzung von Online-Jobbörsen reicht voll und ganz aus, um unseren Personalbedarf zu decken. ☐ In unserem Recruitingprozess wird vorrangig künstliche Intelligenz eingesetzt, z. B. mithilfe von ChatGPT

6.3 Itemsammlung

Tab. 6.7 Frage 7 zur persönlichen Meinung in Bezug auf die Arbeitgebermarke

Subtest zur Bestimmung rekrutierungsspezifischer Indikatoren
Frage 7: Ihre persönliche Meinung zur Arbeitgebermarke   Fragetext: Inwieweit treffen folgende Aussagen ihrer Wahrnehmung nach zu?   ☐ trifft überhaupt nicht zu ☐ trifft eher nicht zu ☐ trifft eher zu ☐ trifft vollkommen zu
6 Items
☐ Ich identifiziere mich voll und ganz mit meinem Unternehmen.   ☐ Meine Einrichtung hat ein starkes Image in der Öffentlichkeit.   ☐ Mein Unternehmen gibt mir ausreichend Möglichkeiten für eine ausgewogene Work-Life-Balance.   ☐ Meine Verbesserungsvorschläge werden berücksichtigt, z. B. in Bezug auf Arbeitsprozesse   ☐ In meiner jetzigen Position werde ich entsprechend meiner Tätigkeit und Leistung für mich angemessen entlohnt.   ☐ Mein Unternehmen ist ein attraktiver Arbeitgeber.

Werbungs- und Auswahlverfahren bis hin zum Onboarding, welches die systematische Einarbeitung und Integration von neuen Mitarbeitenden beschreibt. Die hierzu entwickelte Frage wurde bewusst offen formuliert, um individuelle Antworten für die spätere Diskussion zu generieren (vgl. Kap. 8). Für die statistische Auswertung war geplant, die gesammelten Aussagen thematisch zu filtern, indem diese den vier Phasen der Personalbeschaffung zugeordnet werden sollten. Vorrangiges Ziel war es, Tendenzen der für die Probanden bedeutsamen Verbesserungsansätze zu eruieren. Frage 8 lautete: Wenn Sie den Ihnen bekannten Recruitingprozess beeinflussen könnten, was würden Sie zukünftig verändern wollen?

6.3.3 Subtest zur Bestimmung soziodemografischer Indikatoren

Den dritten Subtest bilden die Fragen 9 bis 12. Die Probanden wurden hierbei um die Angabe folgender soziodemografischer Indikatoren gebeten: Geschlecht, Geburtsjahrgangsgruppe, Beruflicher Status und (angestrebte) Ausbildungsbezeichnung (siehe Tab. 6.8). Dabei zielte die Abfrage der Geburtsjahrgangzugehörigkeit auf die spätere Unterscheidung von Digital „Natives" und „Immigrants" (vgl. Abschn. 2.1 und 2.8) in Bezug auf ihr Bewerbungsverhalten und die Wahrnehmung beispielsweise zur Arbeitgebermarke ab. Hervorzuheben ist Frage 12 zur (angestrebten) Ausbildungsbezeichnung. Diese wurde offen formuliert und mit entsprechend freiem Textfeld versehen. Die Probanden sollten hierbei die genaue Bezeichnung bzw. den Titel ihres (angestrebten) Abschlusses mit eigenen Worten einfügen. Auch diese Daten wurden sachgerecht erfasst und in die statistische Auswertung miteinbezogen.

Die genaue Unterteilung der zugehörigen Antwortmöglichkeiten ist Tab. 6.8 zu entnehmen.

Tab. 6.8 Frage 9 bis 12 zur Bestimmung soziodemografischer Indikatoren

Subtest zur Bestimmung soziodemografischer Indikatoren			
Frage 9 Geschlecht: ☐ weiblich ☐ männlich ☐ divers	**Frage 10** **Geburtsjahrgangsgruppe:** ☐ 2010 oder jünger ☐ 1995 bis 2009 ☐ 1980 bis 1994 ☐ 1965 bis 1979 ☐ 1950 bis 1964 ☐ 1949 und älter	**Frage 11** **Beruflicher Status:** ☐ Ich habe bereits einen anerkannten Abschluss im Bereich Sport, Fitness und/oder Gesundheit ☐ Ich befinde mich derzeitig in Ausbildung im Bereich Sport, Fitness und/oder Gesundheit ☐ Ich bin gegenwärtig dual Studierender im Bereich Sport, Fitness und/oder Gesundheit ☐ Ich habe keine Ausbildung im Bereich Sport, Fitness und/oder Gesundheit	**Frage 12** **(Angestrebte)** **Ausbildungsbezeichnung:** ☐ _____ Freies Textfeld

6.3.4 Subtest zur Bestimmung und Einordnung des Marktakteurs

Der vierte und damit abschließende Subtest des Fragebogens untersucht die gegenwärtige Arbeitsstätte des Probanden. Die zugehörigen Fragen 13 und 14 dienten sowohl der Bestimmung des Typus der Fitness- und Gesundheitseinrichtung als auch ihrer Einordnung in Bezug auf die Mitarbeiterstärke. Erkenntnisse und Ausführungen aus den Abschn. 4.1 und 4.2 wurden zur finalen Fragenstellung herangezogen.

Sämtliche Fitness- und Gesundheitsbetriebe treten als Akteure auf dem in Abschn. 4.1 beschriebenen Teilmarkt ins gesundheitswirtschaftliche Geschehen ein. Diese stellen Güter und Leistungen zur Verfügung, welche der Erhaltung der Gesundheit oder ihrer Verbesserung dienlich sind. Frage 13 wurde bewusst ohne Antwortmöglichkeiten gekennzeichnet, um die gesamte Bandbreite der im Fitness- und Gesundheitsmarkt agierenden Akteure aufzuzeigen. Zur Orientierung wurden ausgewählte Beispiele genannt. Frage 13 lautete: In welcher Art von Einrichtung gehen Sie Ihrer *momentanen* Tätigkeit nach: z. B. Fitnessstudio (Ketten- oder Einzelbetrieb), Gesundheitszentrum, Praxis für Physiotherapie?

Abschn. 4.2 gab einen allgemeinen Einblick in die in Deutschland vorzufindende Unternehmenslandschaft. Rund drei von den insgesamt 3,44 Mio. Unternehmen beschäftigen weniger als zehn Mitarbeitende. Weitere 361.000 hatten bis zu 49 Beschäftigte. Somit zählen fast 98 % aller Betriebe in Deutschland zu den kleinen und mittleren Unternehmen (KMU), zu denen überwiegend auch Fitness- und Gesundheitseinrichtungen gerechnet werden.

Tab. 6.9 Frage 14 zur Mitarbeitergröße des Unternehmens

Subtest zur Bestimmung und Einordnung des Marktakteurs
Frage 14: Wie viele Mitarbeitende sind derzeitig in Ihrem Unternehmen beschäftigt?
4 Antwortmöglichkeiten ☐ 1 bis 3 ☐ 4 bis 9 ☐ 10 bis 49 ☐ 50 oder mehr

Mit Frage 14 sollte untersucht werden, wie hoch die tatsächliche durchschnittliche Mitarbeiterstärke in den Einrichtungen der Probanden ist. Anhand der Ausführungen in Abschn. 4.3 konnten zunächst für den Fitnessmarkt allgemeine Erkenntnisse identifiziert werden. Der Deutsche Sportstudioverband (DSSV) veranlagt im Schnitt 8,3 Festangestellte in Einzel- und rund 7 feste Mitarbeitende in Kettenbetrieben. Im Vergleich dazu sind es etwa 1,1 Beschäftigte in Festanstellung in sogenannten Mikrostudios, also Fitnessanlagen, die bewusst ein begrenztes und spezialisiertes Angebot bereitstellen (DSSV, 2023). Es standen vier Einordnungsmöglichkeiten zur Auswahl. Der Tab. 6.9 können diese entnommen werden.

Das Erhebungsinstrument endet mit Frage 15 zur Bestimmung des persönlichen Fragebogenzugangs. Hierbei konnte zwischen zwei Optionen gewählt werden: entweder über Social Media oder den persönlichen Kontakt.

Literatur

Berekoven, L., Eckert, W., & Ellenrieder, P. (2001). *Marktforschung: Methodische Grundlagen und praktische Anwendungen* (9. Aufl.). Gabler.

DSSV e.V. – Deutscher Sportstudio Verband e.V. (Hrsg.). (2023). *Eckdaten der deutschen Fitness-Wirtschaft 2023*.

Hirsch, T., & Tauscher, N. (2023). Recruiting 4.0: Online Mitarbeiter gewinnen. https://www.body-media.de/themen/personal/recruiting-40-online-mitarbeiter-gewinnen.html.

Huber, A. (2018). *Personalmanagement* (Vahlens Kurzlehrbücher, 2., überarb. u. akt. Aufl.). Franz Vahlen.

Kreis, F. (2023). Recruiting und Personalentwicklung im Studio. Nachwuchskräfte finden, fördern und entwickeln. *fitness MANAGEMENT international, 3*(167), 86–88.

Kuß, A. (2012). *Marktforschung, Grundlagen der Datenerhebung und Datenanalyse* (4. Aufl.). Springer Gabler.

Matzler, K., & Bailom, F. (2009). Messung von Kundenzufriedenheit. In H. H. Hinterhuber & K. Matzler (Hrsg.), *Kundenorientierte Unternehmensführung* (6. Aufl., S. 267–229). Gabler.

Mayer, H. O. (2013). *Interview und schriftliche Befragung: Grundlagen und Methoden Empirischer Sozialforschung* (6. Aufl.). Oldenbourg Wissenschaftsverlag.

Medicaltopjobs. (2024). *Recruiting-Trends 2024 im Gesundheitswesen: Die Rolle von KI-Tools*. https://medicaltopjobs.de/blog/ID2316452-recruiting-mit-ki-2024. Zugegriffen am 08.08.2024.

Raab, G., Unger, A., & Unger, F. (2009). *Methoden der Marketing-Forschung – Grundlagen und Praxisbeispiele* (2. Aufl.). Springer/Gabler/Springer Fachmedien Wiesbaden GmbH.

Raithel, J. (2008). *Quantitative Forschung – Ein Praxiskurs* (2. Aufl.). VS Verlag für Sozialwissenschaften/Springer Fachmedien Wiesbaden GmbH.

Rieger, T. (2011). Erfolgsfaktor Mitarbeiterqualifikation – Zur Bedeutung des Internen Marketing für kommerzielle Fitnesssportanbieter. *SCIAMUS – Sport und Management, Themenheft – Ausgewählte Managementprobleme in Fitnessstudios*, S. 40–50.

Rottmann, L., & Witte, D. (2019). *Mitarbeiter (ein)binden und gewinnen. Nachhaltige Strukturen für Seniorenheime zur Steigerung der Arbeitgeberattraktivität*. Springer.

Scholz, C. (2003). *Spieler ohne Stammplatzgarantie. Darwiportunismus in der neuen Arbeitswelt*. Wiley-VCH.

Seyda, S., Köppen, R., & Hickmann, H. (2021). *Pflegeberufe besonders vom Fachkräftemangel betroffen* (S. 1–6). KOFA Kompakt. Kompetenzzentrum Fachkräftesicherung (KOFA).

Stemper, T., & Grubendorfer, T. (2011). Trainingsgestaltung im Fitnessstudio. *SCIAMUS – Sport und Management, Themenheft – Ausgewählte Managementprobleme in Fitnessstudios*, S. 51–65.

Weuster, A. (2012). *Personalauswahl I. Internationale Forschungsergebnisse zu Anforderungsprofil, Bewerbersuche, Vorauswahl, Vorstellungsgespräch und Referenzen* (3. Aufl.). Gabler.

Expertenbefragung 7

In diesem Kapitel wird die umfassende Analyse der durchgeführten Umfrage präsentiert. Zunächst wird im Abschn. 7.1 die Auswahl und Charakteristik der Probanden erläutert, um ein klares Bild der untersuchten Population zu vermitteln. Außerdem werden die Kriterien für die Validität und Reliabilität der Studie dargelegt, sowie Strategien beschrieben, wie mit fehlenden Daten umgegangen wurde, um die Integrität der Ergebnisse zu gewährleisten. Die deskriptive Analyse der Daten bietet eine detaillierte Auswertung der gesammelten Informationen, wobei zentrale Tendenzen und Verteilungen aufgezeigt werden, um die grundlegenden Muster und Tendenzen zu identifizieren. Abschließend werden die wichtigsten Erkenntnisse und Ergebnisse der Analyse zusammengefasst, um die Relevanz der Studie zu unterstreichen und einen Ausblick auf die folgende Diskussion zu geben.

Bevor die eigentliche Hauptstudie umgesetzt werden konnte, wurde eine Pilotierung durchgeführt. Neben abschließenden Fragebogenoptimierungen fand ein technischer Pretest statt. Hierbei wurde der Einleitungstext gegenüber der Pilotumfrage entsprechend angepasst. Die finale Version des Onlinefragebogens konnte am 16. September 2024 offiziell freigegeben werden. Die Befragung endete am 04. Oktober 2024.

Nachdem der Onlinezugang geschlossen wurde, sind die eingegangenen Datensätze zunächst auf ihre Vollständigkeit hin untersucht worden. Der Fragebogen wurde insgesamt 690-mal auf umfrageonline.com aufgerufen. Von den davon 314 beantworteten Fragebögen mussten 99 aufgrund fehlender bzw. fehlerhafter Daten, in den meisten Fällen wegen vorzeitigen Abbruchs, ausgeschlossen werden. Das entspricht 31,5 % der Gesamtanzahl. Tippfehler bezüglich der Eingabe konnten vermieden werden, da eine direkte Übertragung in Excel und SPSS stattfand. Eine Prüfung der Variablenwerte wurde dennoch vorgenommen (Kuß, 2012, S. 178 ff.), sodass am Ende 215 Fragebögen für die statistische Datenauswertung herangezogen werden konnten (vgl. Abschn. 7.3).

7.1 Beschreibung der Stichprobe

Bei der vorliegenden Studie handelt es um eine teilrandomisierte Stichprobe. Dies bedeutet, dass die Probanden sowohl aktiv als auch passiv akquiriert worden sind.

Im Rahmen der aktiven Akquise konnten zunächst rund 110 potenzielle Probanden identifiziert werden. Diese wurden über eine persönliche SMS-Nachricht mit Link zur Teilnahme an der Umfrage eingeladen. Die Bitte um Weiterleitung an entsprechende Kollegen und Kolleginnen war im Text mitenthalten. Im nächsten Schritt konnten 30 weitere persönliche Einladungen per E-Mail versendet werden, ebenfalls mit der Bitte um Weiterleitung an mögliche interne Mailverteiler und digitale Newsletter. Bei diesen Kontakten handelte es sich u. a. um Mitarbeitende aus dem universitären Umfeld. Hierbei konnte der interne Mailverteiler mit den Adressen von etwa 600 ehemaligen Studierenden aus dem Sportmanagement hinzugezogen werden. Abschließend wurden weiterempfohlene Kontakte aus dem Fitness- und Gesundheitsbereich, wie z. B. Führungskräfte oder Geschäftsinhaber, ebenso angeschrieben. Innerhalb der letzten Frage des Messinstrumentes wird Bezug auf die Art des Zugangs zur Studie genommen.

Innerhalb der passiven Akquise wurden die Onlineforschungsplattformen SurveyCircle, PollPool und SurveySwap genutzt (SurveyCircle, 2024; PollPool, 2024; SurveySwap, 2024). Zusätzlich sind im laufenden Studienzeitfenster zwei Beiträge im Businessnetzwerk LinkedIn veröffentlicht worden. Um eine möglichst hohe Rücklaufquote zu gewährleisten, wurde innerhalb der beiden Social-Media-Beiträge die Bedeutung der Befragung aus wissenschaftlicher Perspektive betont. Nach Auswertung der Ansichten sind dadurch etwa 4000 Personen in Kontakt mit dem Onlinefragebogen gekommen.

7.2 Gütekriterien und Umgang mit fehlenden Werten

Gemäß den Anforderungen an quantitative Untersuchungen müssen die drei Hauptgütekriterien Objektivität, Reliabilität und Validität erfüllt sein. Die Objektivität, welche allgemein die Unabhängigkeit eines Tests beschreibt, zeigt sich in einer vollkommen unabhängigen Erhebung (Häder, 2010, S. 108). Dieses Gütekriterium wurde in der vorliegend durchgeführten Untersuchung erfüllt, da es im Rahmen der Onlinebefragung keinen Einfluss durch eine außenstehende oder interviewende Person gab.

Werden Skalen mittels mehrerer Fragen erhoben, wie in vorliegender Studie der Fall, so muss deren Reliabilität bzw. Messgenauigkeit geprüft werden. Reliabilität bedeutet dabei, wie in Field (2013, S. 708) beschrieben, dass die Messung das theoretisch angenommene Konstrukt konsistent widerspiegelt. Beispielsweise sollte eine wiederholte Messung mit der verwendeten Skala an neuen Daten ähnliche Ergebnisse liefern. Die Reliabilität wird mittels Cronbachs Alpha überprüft. Dieser Wert ist eine nach Lee Cronbach benannte Maßzahl für die interne Konsistenz einer Skala und bezeichnet das

Ausmaß, in dem die Aufgaben bzw. Fragen einer Skala miteinander in Beziehung stehen. Wie in Field (2013, S. 709) zu lesen, sollte die Reliabilität mindestens einen Wert von 0,7 betragen.

Einen Test kann man als extern valide bezeichnen, wenn dessen Ergebnisse generalisierbar sind. Im Fall der vorliegenden Untersuchung ist dies gegeben. Aufgrund der Onlinebefragung konnten die Probanden die Beantwortung zu einer von ihnen gewählten Zeit, an einem unabhängigen Ort beginnen, was das Testergebnis weniger beeinflusst (Berekoven et al., 2001, S. 82). Es war ebenfalls möglich, den Fragebogen zu unterbrechen und zu einem späteren Zeitpunkt weiterzuführen. Darüber hinaus wurden die Fragen auf Basis der theoretischen Erkenntnisse konzipiert, sodass die erhobenen Daten die forschungsleitende Thematik widerspiegeln.

Es wurden die offen gestellten Fragen 8, 12 und 13 auf sinnvolle Aussagen hin überprüft. Dabei wurden lediglich korrekte Angaben verwertet; unkorrekte Aussagen als fehlende Werte deklariert.

7.3 Deskriptive Analyse der Daten

Im Folgenden werden die Ergebnisse aus der Onlinebefragung deskriptiv analysiert und anhand von Tabellen und Grafiken dargestellt.

7.3.1 Ergebnisse des Subtests zur Bestimmung von Bewerbungsverhalten und Status

Im Kontext des untersuchten Bewerbungsverhaltens zeigen die Ergebnisse der ersten Frage (n = 215), dass der Großteil, d. h. genau 60 % der befragten Teilnehmenden, eine bis maximal fünf Bewerbungsversuche in den letzten fünf Jahren vorgenommen hat, etwa 22 % sogar keinen einzigen. Rund 12 % der Probanden schätzen Ihre Bewerbungsanzahl auf sechs bis 20 im genannten Zeitraum. Auffallend bei der Betrachtung der Verteilung ist, dass lediglich 6 % mehr als 21 Bewerbungen in den vergangenen fünf Jahren aufgesetzt und schließlich versendet haben, um ein Stellenangebot zu erhalten.

Die Auswertung von Frage 2 zeigt weitere Ergebnisse zum Bewerbungsverhalten gegenüber Stellenausschreibungen im Fitness- und Gesundheitsmarkt (vgl. Tab. 7.1). Zu beachten ist hierbei die verwendete vierstufige Skalierung, die einheitlich auf die Fragen 5, 6, 7 und 8 übertragen wurde. Die möglichen Ausprägungen erstrecken sich von „trifft überhaupt nicht zu (1)", „trifft eher nicht zu (2)" über „trifft eher zu (3)" und „trifft vollkommen zu (5)" bis hin zu „keine Aussage möglich (−99)".

Auffallende Ergebnisse im Bewerbungsverhalten sind, dass 90 % der Probanden ihre Bewerbungen nicht per Post oder über E-Mail versenden. Für beide Items ist ein Mittelwert von 1,47 mit einer Standardabweichung von 0,73 zu vermerken. Dies bedeutet eine geringe Streuung im Antwortverhalten. Direkt im Unternehmen, d. h. persönlich und in

Tab. 7.1 Mittelwerte (M) und Standardabweichungen (SD) zum Bewerbungsverhalten (n = 215), basierend auf der vierstufigen Likert-Skala

	Ich schicke meine Bewerbungen immer per Post.	Ich bewerbe mich ausschließlich über E-Mail.	Wenn ich mich für eine Stelle bewerbe, fülle ich nur das Bewerbungsformular auf der Unternehmenswebseite aus.	Ich bewerbe mich rein über Online-Jobbörsen wie z. B. Indeed oder Stepstone.	Meine Bewerbungsunterlagen gebe ich stets persönlich in schriftlicher Form direkt im Unternehmen ab.
N Gültig	215	215	215	215	215
N Fehlend	0	0	0	0	0
Mittelwert	1,47	1,47	2,61	2,13	1,71
Std.-Abweichung	0,728	0,728	0,899	0,892	0,897

schriftlicher Form, werden Bewerbungsunterlagen von etwa 20 % abgegeben. Der Mittelwert liegt bei 1,71 mit einer Standardabweichung von 0,9, woraus eine einheitliche Beantwortung interpretiert werden kann. Sechs von zehn Probanden nutzen überwiegend die Bewerbungsformulare auf den Unternehmenswebseiten. Bei diesem Item sind die höchsten Zustimmungswerte mit einer positiven Tendenz von 2,61 und der Standardabweichung von 0,9 zu finden. Ebenso wird die Bewerbung über Online-Jobbörsen tendenziell positiv bewertet. Ein Drittel der Befragten tun dies. Mit einem Mittelwert von 2,13 und einer Standardabweichung von 0,9 wird der digitale Bewerbungsweg genutzt. Tab. 7.1 veranschaulicht alle Mittelwerte und Standardabweichungen im Überblick.

Die dritte Frage untersuchte Ziele und Motive der Befragten. Hervorzuheben ist bei der Konzeption, dass bewusst eine Rangskala entwickelt wurde, um die persönliche Wertigkeit der Probanden zu erhalten. Die Frage enthielt die Merkmale „Flexibilität", „Selbstverwirklichung", „Gehalt" und „Work-Life-Balance".

Abb. 7.1 zeigt exemplarisch die Auswertungsergebnisse zum wichtigsten Motivationsfaktor: Eine ausgewogene Work-Life-Balance.

Die Probanden erstellten dabei ihre eigene Rangliste, in dem sie den Wert „1." ihrem wichtigsten Motiv und die „4." ihrem am wenigsten wichtigen Motiv zuordneten. Die Ergebnisse zeigen, dass für nahezu jeden dritten Probanden eine ausgewogene Work-Life-Balance für nahezu jeden dritten Probanden den wichtigsten Motivationsfaktor in Bezug auf seine Tätigkeit darstellt (vgl. Abb. 7.1).

Auf dem zweiten Platz der Rangskala folgt das Merkmal „Flexibilität". Etwa 23 % der Befragten sehen darin ihr stärkstes Motiv. Knapp dahinter mit 22 % wurde ein hohes Gehalt als oberstes Ziel genannt. Den Abschluss der Rangliste bildet das Merkmal „Selbstverwirklichung". Bei über 36 % der Probanden ist dieses Motiv nicht stark ausgeprägt. Sie platzierten es innerhalb der Befragung auf den vierten, sprich letzten Rang.

7.3 Deskriptive Analyse der Daten

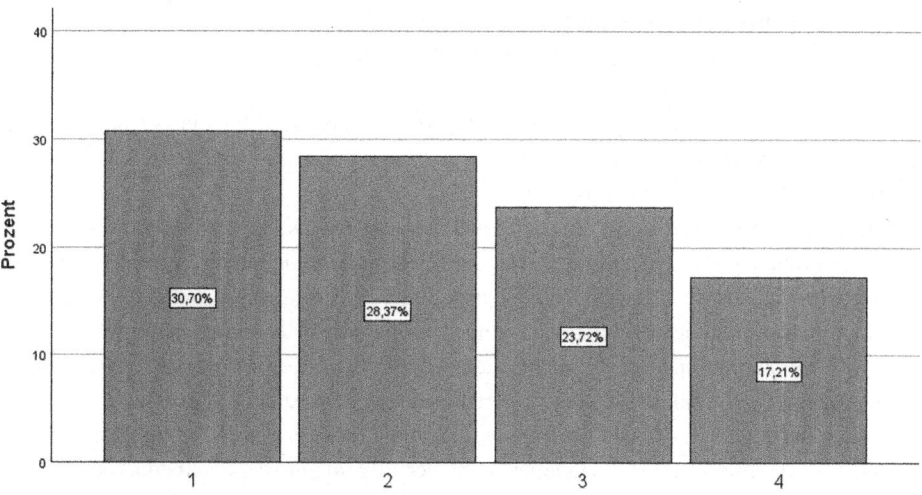

Abb. 7.1 Ergebnisse zum Merkmal „Work-Life-Balance" (in Prozent)

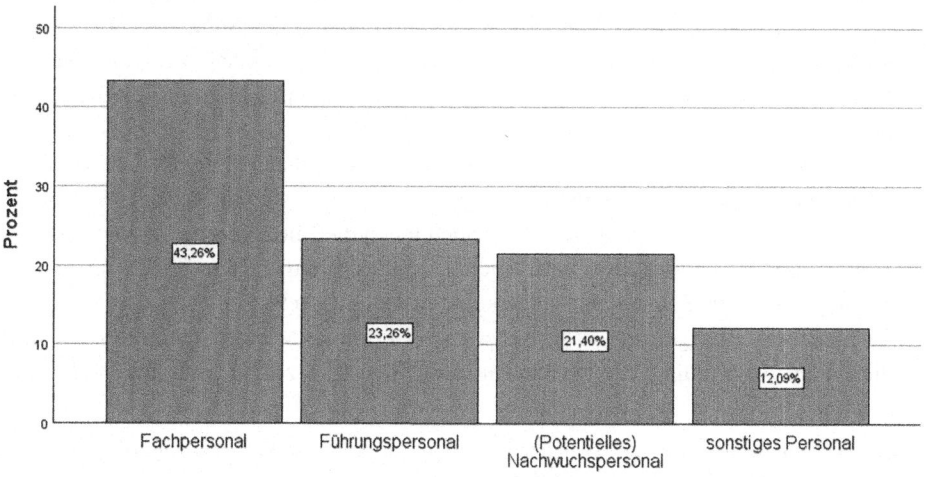

Abb. 7.2 Balkendiagramm zur Verteilung des Personalstatus (in Prozent)

Als nächstes wurde in Frage 4 der Personalstatus der Probanden abgefragt. Die Einordnung erfolgte eigenständig durch den Befragten, was in Abb. 7.2 in Form eines Balkendiagramms grafisch dargestellt ist. In der Abbildung wird darüber hinaus deutlich, dass die Mehrheit, etwas mehr als 43 % der Mitarbeitenden, als Fachkräfte im Fitness- und Gesundheitsmarkt tätig sind. Knapp jeder vierte Befragte zählt sich zum Führungspersonal. Demgegenüber stehen ca. 21 % an (potenziellen) Nachwuchskräften, die sich gegenwärtig in einer Ausbildung oder einem (dualen) Studium mit sport-, fitness- und/ oder gesundheitsorientiertem Hintergrund befinden. Etwa 12 % der Probanden sind unterstützende Aushilfskräfte und arbeiten nebenberuflich im Fitness- und Gesundheitsbereich.

7.3.2 Ergebnisse des Subtests zur Bestimmung rekrutierungsspezifischer Indikatoren

Der Subtest beginnt mit Frage 5. Hierbei sollte die derzeitige Personalsituation in den Unternehmen bewertet werden. Die Ergebnisse zeigen für alle fünf Items hohe Mittelwerte von 2,47 bis 2,96 (vgl. Tab. 7.2).

Mit einem Mittelwert von 2,96 und der Standardabweichung 0,88 werden nach Meinung der Probanden die Auszubildenden oder dual Studierenden in ihren Unternehmen als vollwertige Fachkräfte eingesetzt. Die Besetzung von Führungspositionen ist nach Einschätzung von 35 % der Probanden erst nach mindestens 4 Monaten erfolgreich, wobei etwa 27 % keine Angabe dazu machen können (Mittelwert = 2,47; Standardabweichung = 1,00). Ähnlich sieht es bei der Besetzung von Ausbildungsplätzen aus. Etwa 46 % der Befragten bestätigen die Herausforderungen bei der Suche (Mittelwert = 2,65; Standardabweichung = 0,96). Daneben wird der allgemeine Personalbedarf aktuell mit einem Mittelwert von 2,91 im Unternehmen eingeschätzt, wobei die Standardabweichung 0,89 beträgt, was auf eine geringe Streuung hinweist. Das Fehlen von ausgebildeten Fachkräften geht mit dem Mittelwert 2,91 und der Standardabweichung 0,90 einher.

Neben der Ergebnisdarstellung der Mittelwerte und ihren Standardabweichungen zeigt die interne Konsistenz der gesamten Subskala für das Merkmal „Personalsituation" eine zufriedenstellende Reliabilität von 0,71. Tab. 7.3 veranschaulicht die Reliabilitätsstatistik.

Im Kontext der durchgeführten Untersuchung wurden die Probanden zum aktuellen Personalbedarf in ihrem Unternehmen befragt. Hier zeigen sich interessante Ergebnisse (vgl. Tab. 7.4). Sieben von zehn Mitarbeitenden teilen die Einschätzung, in dem sie einen gegenwärtigen Personalbedarf wahrnehmen. Etwa 8 % tun dies ganz und gar nicht. Und letztlich können etwa 3 % der Befragten keine Aussage dazu tätigen (Tab. 7.4).

Der Fachkräftemangel im Gesundheitswesen ist in aller Munde. Auch die Zahlen der vorliegenden Auswertung zur Personalsituation tendieren zu einem wahrgenommenen

Tab. 7.2 Mittelwerte (M) und Standardabweichungen (SD) zur Einschätzung zur derzeitigen Personalsituation (n = 215), basierend auf der vierstufigen Likert-Skala

	Wir haben aktuell Personalbedarf.	Uns fehlen ausgebildete Fachkräfte.	Führungspositionen werden erst nach mindestens 4 Monaten besetzt.	Wir haben Probleme mit der Besetzung von Ausbildungsplätzen.	Auszubildende oder dual Studierende werden als vollwertige Fachkräfte eingesetzt.
N Gültig	208	201	158	175	182
N Fehlend	7	14	57	40	33
Mittelwert	2,91	2,91	2,47	2,65	2,96
Std.-Abweichung	0,891	0,903	1001	0,959	0,875

7.3 Deskriptive Analyse der Daten

Tab. 7.3 Cronbachs Alpha mit Anzahl der Items zum Merkmal „Personalsituation"

Reliabilitätsstatistiken	
Cronbachs Alpha	Anzahl der Items
0,709	5

Tab. 7.4 Verteilung der Häufigkeiten zum aktuellen Personalbedarf (in Prozent)

Wir haben aktuell Personalbedarf.

		Häufigkeit	Prozent	Gültige Prozente	Kumulierte Prozente
Gültig	trifft überhaupt nicht zu	18	8,4	8,7	8,7
	trifft eher nicht zu	38	17,7	18,3	26,9
	trifft eher zu	96	44,7	46,2	73,1
	trifft vollkommen zu	56	26,0	26,9	100,0
	Gesamt	208	96,7	100,0	
Fehlend	keine Aussage möglich	7	3,3		
Gesamt		215	100,0		

Tab. 7.5 Verteilung der Häufigkeiten zum Fehlen ausgebildeter Fachkräfte (in Prozent)

Uns fehlen ausgebildete Fachkräfte.

		Häufigkeit	Prozent	Gültige Prozente	Kumulierte Prozente
Gültig	trifft überhaupt nicht zu	13	6,0	6,5	6,5
	trifft eher nicht zu	53	24,7	26,4	32,8
	trifft eher zu	75	34,9	37,3	70,1
	trifft vollkommen zu	60	27,9	29,9	100,0
	Gesamt	201	93,5	100,0	
Fehlend	keine Aussage möglich	14	6,5		
Gesamt		215	100,0		

Mangel. Mehr als zwei Drittel der Probanden empfinden einen Fachkräftemangel in ihrem Unternehmen (vgl. Tab. 7.5). Hingegen negieren 6 % diesen Zustand vollkommen. Innerhalb der durchgeführten Studie können rund 7 % keine Aussage zu diesem Punkt der Personalsituation können machen (vgl. Tab. 7.5).

Die Ergebnisse von Frage 6 zur Wahrnehmung der Recruitingstrategie in den Unternehmen zeigen bis auf das letzte Item, welches den Einsatz von künstlicher Intelligenz abbildet, ein einheitliches Bild. Dabei standen insgesamt 7 Items zur Auswahl, die anhand der vierstufigen Likert-Skala eingeschätzt werden sollten (vgl. Tab. 7.6).

Laut Meinung von 29 % der Probanden werden vakante Stellen häufig mit externen Bewerbenden (Mittelwert = 2,24; Standardabweichung = 0,76) besetzt, wobei die interne Förderung von Nachwuchs- und Führungskräften sogar von zwei Drittel der Befragten als zutreffend eingeschätzt wird (Mittelwert = 2,91; Standardabweichung = 0,74). Der digitale Einsatz von Kommunikationstools, wie soziale Netzwerke und Plattformen wird von der Hälfte der Probanden als vorrangiges Rekrutierungsinstrument wahrgenommen (Mittelwert = 2,67; Standardabweichung = 0,99). Etwa 34 % gaben an, dass die Nutzung von Online-Jobbörsen (Mittelwert = 2,34; Standardabweichung = 0,87) vollkommen

Tab. 7.6 Mittelwerte (M) und Standardabweichungen (SD) zur Wahrnehmung der Recruitingstrategie (n = 215), basierend auf der vierstufigen Likert-Skala

	Bei uns werden Nachwuchs- und Führungskräfte vorrangig intern herangezogen, z. B. durch Förderung unserer Auszubildenden oder dual Studierenden.	Wir besetzen vakante Stellen ausschließlich mit externen Bewerbenden.	Es werden rein digitale Netzwerke und Plattformen wie z. B. LinkedIn oder Instagram genutzt, um Bewerbende zu finden.	Wir schalten *keine* Stellenanzeigen in Printmedien.	Die Nutzung von Online-Jobbörsen reicht voll und ganz aus, um unseren Personalbedarf zu decken.	Mein Unternehmen ist hauptsächlich auf Job- oder Karrieremessen vertreten, um persönlich in Kontakt mit potenziellen Bewerbenden zu kommen.	In unserem Recruitingprozess wird vorrangig künstliche Intelligenz eingesetzt, z. B. mithilfe von ChatGPT
N Gültig	182	182	191	187	176	187	169
N Fehlend	33	33	24	28	39	28	46
Mittelwert	2,91	2,24	2,67	2,99	2,34	2,02	1,54
Std.-Abweichung	0,738	0,761	0,985	1100	0,873	0,877	0,809

ausreichend ist, wenn es um die Akquise von potenziellen Bewerbenden geht. In beiden Varianten antworteten die Probanden einheitlich. Der analoge Besuch von Job- oder Karrieremessen von Unternehmensseite, um persönlich in Kontakt mit potenziellen Bewerbenden zu kommen, wird von jedem vierten Probanden als zutreffend bewertet (Mittelwert = 2,02; Standardabweichung = 0,88). Daneben werden nach Wahrnehmung von 60 % der Befragten keine Stellenanzeigen (mehr) in Printmedien geschaltet, was der eher hohe Mittelwert von 2,99 und die Standardabweichung von 1,10 belegen, wobei eine geringe Streuung zu beobachten ist. Der vorrangige Einsatz von künstlicher Intelligenz im Recruitingprozess, z. B. mithilfe von ChatGPT, scheint in den Unternehmen eher nicht zuzutreffen, auf was den negativen Mittelwert von 1,54 und die Standardabweichung von 0,81 hinweist.

Die Berechnung der internen Konsistenz zeigt für das Merkmal „Recruitingstrategie" mit insgesamt 7 Items eine zufriedenstellende Reliabilität von 0,77 (vgl. Tab. 7.7).

Nahezu zwei von drei Probanden geben an, dass in ihren Unternehmen bereits tätige Mitarbeitende, wie Auszubildende und dual Studierende, intern gefördert werden. Ziel ist es dabei, diese als zukünftige Führungskräfte in der Einrichtung zu etablieren. Lediglich 3 % der Befragten schließen diese Recruitingstrategie vollständig für Unternehmen aus. Etwa 15 % können zum Rekrutierungsvorgang keine Aussage machen. In Abb. 7.3 sind die genauen Bewertungen dargestellt.

Die Abb. 7.4 veranschaulicht, inwieweit der Bereich „künstliche Intelligenz", am Beispiel des Einsatzes von ChatGPT, im Recruitingprozess der Unternehmen der Probanden angewendet wird. Die Hälfte der Mitarbeitenden negieren und meinen dabei, dass das

Tab. 7.7 Cronbachs Alpha mit Anzahl der Items für das Merkmal „Recruitingstrategie"

Reliabilitätsstatistiken	
Cronbachs Alpha	Anzahl der Items
0,766	7

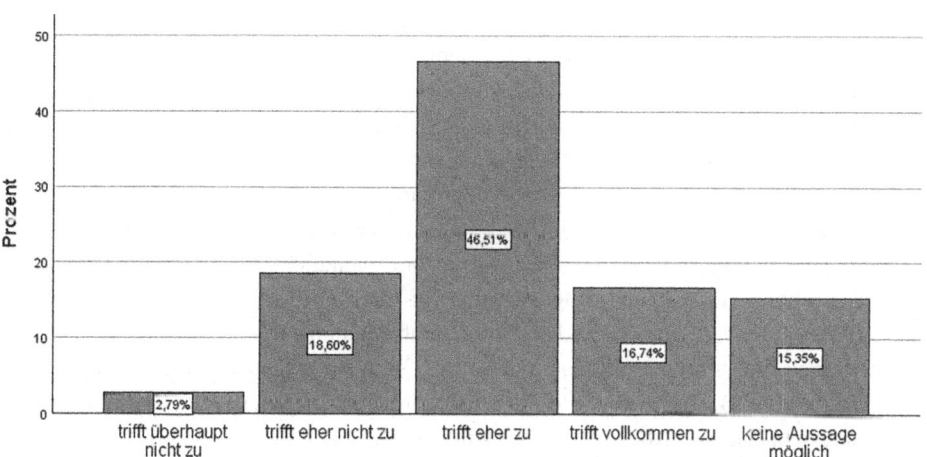

Abb. 7.3 Ergebnisse zur Bewertung der internen Förderung (n = 215), basierend auf der vierstufigen Likert-Skala

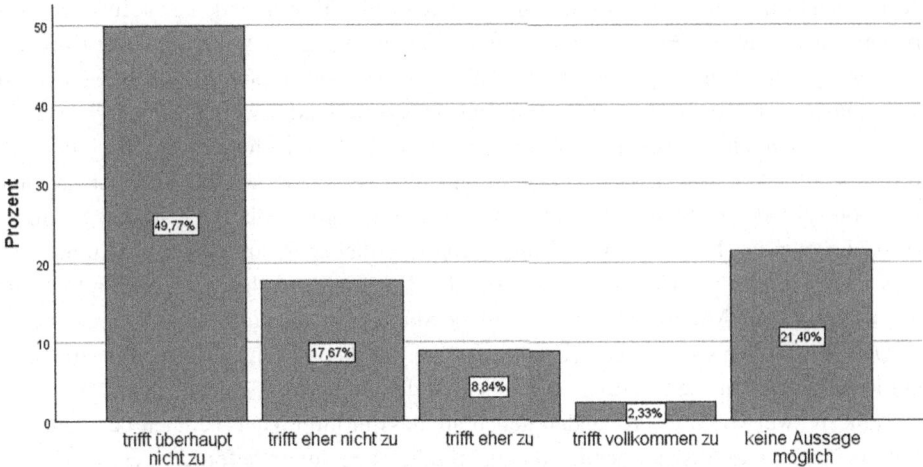

Abb. 7.4 Ergebnisse zur Bewertung des Einsatzes von künstlicher Intelligenz (n = 215), basierend auf der vierstufigen Likert-Skala

Thema überhaupt keine Beachtung findet. Gerade einmal etwas über 2 % der Befragten bestätigen den Einsatz von KI-gestützten Tools im Rekrutierungsverfahren. Auffallend ist überdies, dass mehr als 21 % zum Thema künstlicher Intelligenz keine Aussage machen können.

Der Bereich Employer Branding lässt sich, wie in Abschn. 2.5 ausführlich beschrieben, in zwei inhaltliche Schwerpunkte gliedern, das Employer Brand Management und die „Arbeitgebermarke". Letztere sollte in der Unternehmenskultur verankert sein und hat besonders im Rekrutierungsprozess eine starke Wirkung auf die personalentsprechenden Akquirierungsmaßnahmen.

Die Auswertung von Frage 7 zeigt die persönliche Wahrnehmung der Probanden gegenüber der Arbeitgebermarke ihres Unternehmens (vgl. Tab. 7.8). Die Mittelwerte der konzipierten Items erstrecken sich dabei von 2,68 bis 2,96. Rund 77 % der befragten Mitarbeitenden identifizieren sich mit ihrem Unternehmen. Die Standardabweichung für das Item beträgt 0,74, was ein einheitliches Beantwortungsmuster erkennen lässt. In der Bewertung relevanter Aspekte zur Arbeitgebermarke äußern sich über drei Viertel der Befragten positiv zum Image ihres Unternehmens in der Öffentlichkeit (Mittelwert = 2,95; Standardabweichung = 0,74). Weiterhin gibt es laut Meinung von 75 % der Probanden in ihrer Einrichtung ausreichend Möglichkeiten für eine ausgewogene Work-Life-Balance, worauf der Mittelwert von 2,93 und die Standardabweichung von 0,76 hinweisen. Darüber hinaus sagen drei von vier Befragten, dass ihre Verbesserungsvorschläge berücksichtigt werden, wie z. B. in Bezug auf Arbeitsprozesse (Mittelwert = 2,91; Standardabweichung = 0,72). Auch die Entlohnung wird für 60 % der Befragten entsprechend ihrer Tätigkeit und Leistung als angemessen betrachtet (Mittelwert = 2,68; Standardabweichung = 0,79). Das bedeutet im Umkehrschluss, dass vier von zehn Befragten nicht

7.3 Deskriptive Analyse der Daten

Tab. 7.8 Mittelwerte (M) und Standardabweichungen (SD) zur persönlichen Meinung gegenüber der Arbeitgebermarke (n = 215), basierend auf der vierstufigen Likert-Skala

	Ich identifiziere mich voll und ganz mit meinem Unternehmen.	Meine Einrichtung hat ein starkes Image in der Öffentlichkeit.	Mein Unternehmen gibt mir ausreichend Möglichkeiten für eine ausgewogene Work-Life-Balance.	Meine Verbesserungsvorschläge werden berücksichtigt, z. B. in Bezug auf Arbeitsprozesse.	In meiner jetzigen Postition werde ich entsprechend meiner Tätigkeit und Leistung für mich angemessen entlohnt.	Mein Unternehmen ist ein attraktiver Arbeitgeber.
N Gültig	215	215	215	215	215	215
N Fehlend	0	0	0	0	0	0
Mittelwert	2,96	2,95	2,93	2,91	2,68	2,91
Std.-Abweichung	0,735	0,744	0,758	0,724	0,788	0,743

zufrieden mit ihrer Entlohnung sind. Darüber hinaus nehmen über 73 % der befragten Mitarbeitenden ihr Unternehmen als attraktiven Arbeitgeber wahr (Mittelwert = 2,91; Standardabweichung = 0,74).

Das Merkmal „Arbeitgebermarke" wird insgesamt sehr positiv bewertet. Die Streuung verhielt sich dabei bei allen 6 Items gering (Standardwerte von 0,72 bis 0,79).

Neben der Ergebnisdarstellung der Mittelwerte und Standardabweichungen zum Merkmal „Arbeitgebermarke" zeigt Tab. 7.9 die interne Konsistenz der gesamten Subskala für die Frage 7 mit ihren insgesamt 6 Items eine zufriedenstellende Reliabilität von 0,79.

Im Rahmen des letzten Items wurden die Probanden explizit um die Bewertung ihres Unternehmens als attraktiver Arbeitgeber gebeten. Wie bereits im vorherigen Abschnitt erwähnt, gaben nahezu drei von vier Mitarbeitenden an, dass dies für ihre Einrichtung zutrifft. Dagegen sagen etwa 24 %, dass ihr Unternehmen für sie als Arbeitgeber eher nicht attraktiv wirkt. Auffallend bei den Ergebnissen sind die nur knapp 3 %, die ihre Einrichtung als vollkommen „unattraktiv" wahrnehmen. In Tab. 7.10 sind die genauen Häufigkeiten zur Arbeitgeberattraktivität aufgelistet.

Im Rahmen des Subtests zur Bestimmung rekrutierungsspezifischer Indikatoren (vgl. Abschn. 6.3.2) wurden innerhalb der Frage 8 persönliche Änderungsansätze der Probanden gesammelt. Dadurch ermöglichte diese Untersuchung, wertvolle Einblicke zu den Perspektiven von Fach-, Nachwuchs- und Führungskräften und deren Erwartungen an die Personalbeschaffung zu gewinnen.

Die offene Fragestellung wurde bewusst gewählt, um den Probanden die Freiheit zu geben, individuelle Verbesserungsvorschläge zu äußern. Die generierten Antworten wurden gesichtet und anschließend systematisch gefiltert, in dem diese relevanten Merkmalen der Personalbeschaffung zugeordnet worden sind. Innerhalb der Clusterung der Antworten konnten 6 verschiedene Ausprägungen identifiziert werden, darunter auch die beiden „keine Verbesserungsvorschläge" und „keine Antwort möglich". Nachdem die konkret geäußerten Verbesserungsvorschläge individuell herausgearbeitet worden sind, wurden diese den vier anderen Ausprägungen zugeordnet. Als Grundlage dienten hierbei die theoretischen Vorüberlegungen aus den Kap. 2 und 5. Am Ende wurden die zusammengefassten

Tab. 7.9 Cronbachs Alpha mit Anzahl der Items für das Merkmal „Arbeitgebermarke"

Reliabilitätsstatistiken	
Cronbachs Alpha	Anzahl der Items
0,787	6

Tab. 7.10 Verteilung der Häufigkeiten zur Bewertung der Arbeitgeberattraktivität (in Prozent)

Mein Unternehmen ist ein attraktiver Arbeitgeber.					
		Häufigkeit	Prozent	Gültige Prozente	Kumulierte Prozente
Gültig	trifft überhaupt nicht zu	6	2,8	2,8	2,8
	trifft eher nicht zu	52	24,2	24,2	27,0
	trifft eher zu	113	52,6	52,6	79,5
	trifft vollkommen zu	44	20,5	20,5	100,0
Gesamt		215	100,0		

Aussagen inhaltlich den vier Merkmalen „Arbeitgebermarke", „Akquise", „Selektion" und „Mitarbeiterbindung" zugeordnet. Im Folgenden werden die Verbesserungsvorschläge der Probanden vorgestellt.

Die Gesamtauswertung betrachtend sind die meisten Verbesserungsvorschläge zum Merkmal „Arbeitgebermarke" geäußert worden. Von den Befragten wurde hierbei besonders die Notwendigkeit eines insgesamt stärkeren Auftretens der Unternehmen als potenzieller Arbeitgeber hervorgehoben. Die Einrichtungen sollen im Rahmen ihres Branding interne Karriere- und Aufstiegschancen vermehrt ermöglichen. Viele Befragte plädierten für die Förderung der eigenen Mitarbeitenden, was sich in konkreten Aussagen wie „mehr Stellen intern besetzen" und „mehr Rekrutieren im Schneeball-Verfahren" niederschlug.

Die Probanden betonen weiterhin die Notwendigkeit einer gezielten und bedarfsorientierten „Akquise" seitens der Unternehmen. Dies bedeutet für die Befragten, dass nicht nur die Quantität, d. h. die Anzahl der Gesprächseinladungen erhöht werden solle, sondern vor allem die Suche nach qualitativ passenden Kandidierenden für die zu besetzenden Stellen.

Die Aussagen der Befragten zeigen jedoch auch, dass es keine einheitliche Meinung zur optimalen Personalakquise gibt. Während einige Teilnehmer eine verstärkte Digitalisierung der Stellenanzeigen forderten, plädierten andere für weniger automatisierte Prozesse und mehr analoge Kommunikationswege wie z. B. das Auslegen von Flyern und Anbringen von Plakaten im entsprechenden Einzugsgebiet der Einrichtung. Diese gegensätzlichen Ansichten verdeutlichen die Herausforderungen, vor denen das Personalmarketing steht. Es gilt, die richtige Balance zwischen digitalen und traditionellen Kommunikationskanälen zu finden.

Die weitere Auswertung der Daten macht deutlich, dass die Probanden eine klare Präferenz für persönliche Gesprächsführungen äußern. Sie wünschen sich innerhalb der „Selektion" weniger Testverfahren und eine geringere Gewichtung der Analyse von Bewerbungsunterlagen hinsichtlich fachlicher Qualifikationen und Ausbildungen. Stattdessen sollte der Fokus stärker auf den individuellen Stärken und Schwächen der Kandidierenden liegen. Die befragten Mitarbeitenden schlagen einen Selektionsprozess vor, in dem schnellere, einfachere und effizientere Verfahren angewendet werden.

Auch konzentrieren sich Verbesserungsvorschläge auf ein effektiveres Onboardingprogramm, welches neue Mitarbeitende nicht nur strukturell in ihre Aufgaben einführt, sondern ebenso die soziale Integration in das Team fördert. Die Probanden betonten die Wichtigkeit von Mentorenprogrammen und regelmäßigen Feedbackgesprächen, nicht nur um die Einarbeitungszeit zu optimieren, sondern besonders in dieser „sensiblen" Phase jegliche Unsicherheiten zu reduzieren und damit eine Unternehmensauthentizität zu schaffen, die die Basis für eine nachhaltige „Mitarbeiterbindung" ermöglicht.

Zusammenfassend plädierten die befragten Mitarbeitenden für eine transparentere Kommunikation, mehr Sensibilität und einen insgesamt klareren Bewerbungsprozess. Dies beinhaltet nicht nur die detaillierte Darstellung von Anforderungen, sondern auch die Vermittlung von Unternehmenswerten und -zielen. Ein weiterer wichtiger Aspekt war die emotionale Herangehensweise bei der Einstellungsentscheidung, wobei aus Sicht der Probanden weniger der Lebenslauf und die fachlichen Qualifikationen im Vordergrund stehen sollten, sondern vielmehr die individuellen Kompetenzen und Soft Skills der Bewerbenden.

7.3.3 Ergebnisse des Subtests zur Bestimmung soziodemografischer Indikatoren

Mit etwas über 55 % ist der Anteil der weiblichen Probanden höher als die Umfragebeteiligung der männlichen Teilnehmenden. Die Ergebnisse sind unauffällig und zeigen eine ausgeglichene Geschlechterverteilung zwischen männlichen und weiblichen Probanden. Einmal wurde als Geschlecht divers angegeben.

Auffallend bei der Verteilung der Geburtsjahrgangsgruppen (vgl. Abb. 7.5) ist die deutliche Überrepräsentanz der Befragten, die zwischen dem Jahr 1980 und 2009 geboren sind. Etwa 8 von 10 Probanden sind somit den Generationen X und Y zuzuordnen. Rund 3 % der Umfrageteilnehmenden sind sogar jünger und waren zum Zeitpunkt der Erhebung maximal 14 Jahre alt. Demgegenüber stehen etwa 11 % „Babyboomer" und 4 %, die zwischen 1950 und 1964 geboren sind. Abb. 7.5 zeigt die genauen Verhältnisse.

Ein Ziel der weiteren Auswertung war es, zu untersuchen, ob und wenn inwieweit ein Zusammenhang zwischen den unterschiedlichen Generationen und ihrem Bewerbungsverhalten besteht. Zur Beantwortung dieser Fragestellung (vgl. Tab. 7.11) wurde zunächst eine einfaktorielle ANOVA durchgeführt. Dabei sollte herausgefunden werden, ob sich in den Mittelwerten zwischen den verschiedenen Geburtsjahrgangsgruppen signifikante Unterschiede feststellen lassen.

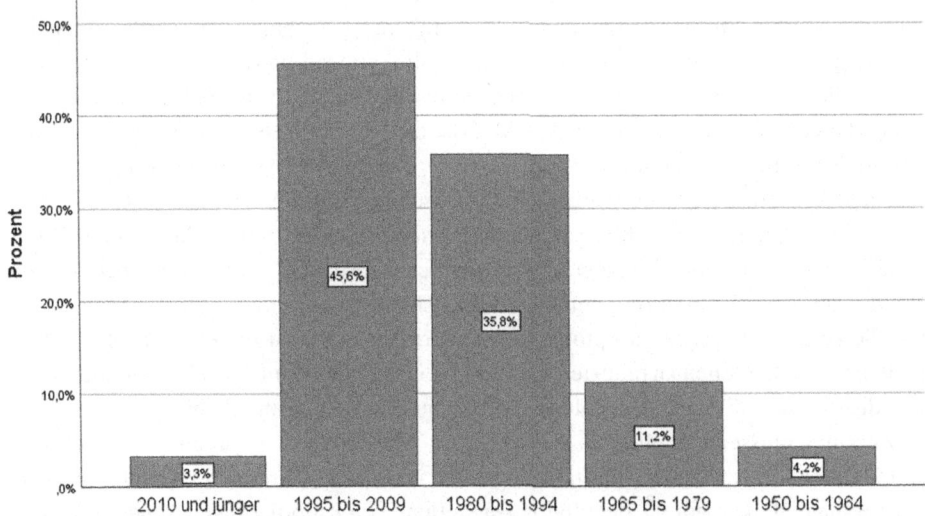

Abb. 7.5 Balkendiagramm zur Verteilung der Geburtsjahrgangszugehörigkeit (in Prozent)

7.3 Deskriptive Analyse der Daten

Tab. 7.11 Einfaktorielle Anova zur Prüfung des Zusammenhangs zwischen Bewerbungsverhalten und den verschiedenen Geburtsjahrgangsgruppen

Anova

		Quadratsumme	df	Mittel der Quadrate	F	Sig.
BW1 Ich schicke meine Bewerbungen immer per Post.	Zwischen den Gruppen	1955	4	0,489	0,920	0,453
	Innerhalb der Gruppen	111.534	210	0,531		
	Gesamt	113.488	214			
BW2 Ich bewerbe mich ausschließlich über E-Mail.	Zwischen den Gruppen	1955	210	0,489	0,920	0,453
	Innerhalb der Gruppen	111.534	210	0,531		
	Gesamt	113.488	214			
BW3 Wenn ich mich für eine Stelle bewerbe, fülle ich nur das Bewerbungsformular auf der Unternehmenswebseite aus.	Zwischen den Gruppen	13.093	4	3273	4300	0,002
	Innerhalb der Gruppen	159.865	210	0,761		
	Gesamt	172.958	214			
BW4 Ich bewerbe mich rein über Online-Jobbörsen, wie z. B. Indeed oder Stepstone.	Zwischen den Gruppen	5107	4	1277	1622	0,170
	Innerhalb der Gruppen	165.247	210	0,787		
	Gesamt	170.353	214			
BW5 Meine Bewerbungsunterlagen gebe ich stets persönlich in schriftlicher Form direkt im Unternehmen ab.	Zwischen den Gruppen	15.325	4	3831	5131	< 0,01
	Innerhalb der Gruppen	156,796	210	0,747		
	Gesamt	172.121	214			

Der Duncan-Test liefert auf dem voreingestellten Niveau p = 0,05 nur bei den beiden Items BW3 („Wenn ich mich für eine Stelle bewerbe, fülle ich nur das Bewerbungsformular auf der Unternehmenswebseite aus") und BW5 („Meine Bewerbungsunterlagen gebe ich stets persönlich in schriftlicher Form direkt im Unternehmen ab.") signifikante Unterschiede. Beim Item BW3 (vgl. Tab. 7.12) lassen sich zwei Untergruppen bilden, von

Tab. 7.12 Duncan-Test zur Analyse des Zusammenhangs zwischen Bewerbungsverhalten (Unternehmenswebseite) und den verschiedenen Geburtsjahrgangsgruppen

BW3 Wenn ich mich für eine Stelle bewerbe, fülle ich nur das Bewerbungsformular auf der Unternehmenswebseite aus.

Duncan a, b

Ordnen Sie sich bitte Ihrer Geburtsjahrgangsgruppe zu:	N	Untergruppe für Alpha = 0,05.	
		1	2
5 1950 bis 1964	9	1,56	
4 1965 bis 1979	24		2,38
2 1995 bis 2009	98		2,66
3 1980 bis 1994	77		2,73
1 2010 und jünger	7		2,86
Sig.		1000	0,162

Mittelwerte für Gruppen in homogenen Untergruppen werden angezeigt.
a. Verwendet Stichprobengrößen des harmonischen Mittels = 15.683
b. Die Größen der Gruppen ist ungleich. Es wird das harmonische Mittel der Größe der Gruppen verwendet. Fehlerniveaus für Typ I werden nicht garantiert.

Tab. 7.13 Duncan-Test zur Analyse des Zusammenhangs zwischen Bewerbungsverhalten (schriftlicher Form) und den verschiedenen Geburtsjahrgangsgruppen

BW5 Meine Bewerbungsunterlagen gebe ich stets persönlich in schriftlicher Form direkt im Unternehmen ab.

Duncan a, b

Ordnen Sie sich bitte Ihrer Geburtsjahrgangsgruppe zu:	N	Untergruppe für Alpha = 0,05.		
		1	2	3
1 2010 und jünger	7	1,29		
3 1980 bis 1994	77	1,62	1,62	
2 1995 bis 2009	98	1,63	1,63	
4 1965 bis 1979	24		2,04	
5 1950 bis 1964	9			2,78
Sig.		0,293	0,204	1000

Mittelwerte für Gruppen in homogenen Untergruppen werden angezeigt.
a. Verwendet Stichprobengrößen des harmonischen Mittels = 15.683
b. Die Größen der Gruppen ist ungleich. Es wird das harmonische Mittel der Größe der Gruppen verwendet. Fehlerniveaus für Typ I werden nicht garantiert.

denen die eine Untergruppe aus der Gruppe 1 der Jahrgänge 1950 bis 1964 und die andere aus der Gruppe 2 der Jahrgänge 1965 bis 2010 besteht. Dies bedeutet, dass sich die Jahrgangsgruppe 2 signifikant ($p = 0{,}002$) von der Jahrgangsgruppe 1 in der Art des Bewerbungsverfahrens unterscheidet.

Beim Item BW5 (vgl. Tab. 7.13) lassen sich drei Untergruppen bilden, von denen die erste aus der Gruppe 1 der Jahrgänge 1995 bis 2010 und jünger, die zweite aus der Gruppe

7.3 Deskriptive Analyse der Daten

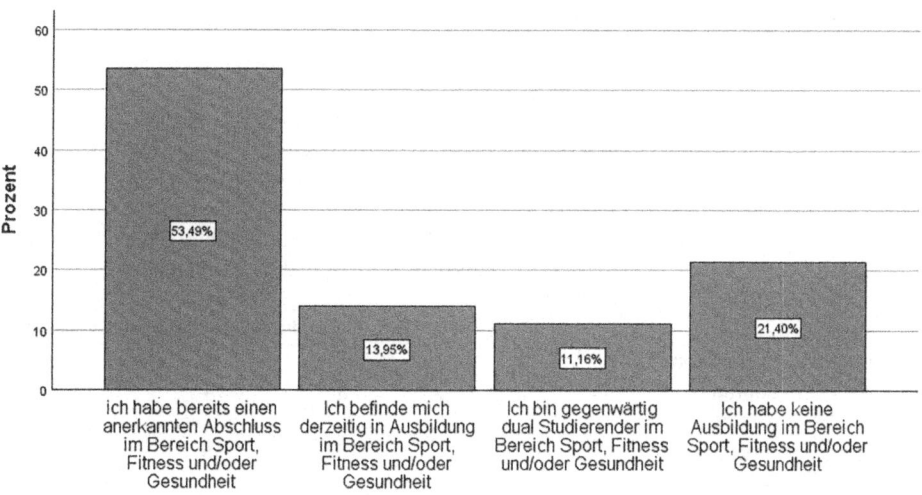

Abb. 7.6 Balkendiagramm zur Verteilung der (angestrebten) Ausbildungsabschlüsse (in Prozent)

2 der Jahrgänge 1965 bis 1994 und die letzte aus der Gruppe 3 der Jahrgänge 1950 bis 1964 besteht. Die Ergebnisse zeigen, dass sich die Jahrgangsgruppen signifikant (p = 0,002) voneinander unterscheiden.

Innerhalb von Frage 11 der Befragung sollten die Teilnehmenden ihren Status zum (angestrebten) Ausbildungsabschluss benennen, indem sie sich einer der vier vorgegebenen Gruppen zuordnen (vgl. Abb. 7.6). Laut Datenauswertung bestätigen über 54 % der Probanden einen Abschluss im Sport-, Fitness- und/oder Gesundheitsbereich. Etwa ein Viertel befindet sich derzeit in Ausbildung. Dies kann ein (duales) Studium oder eine (neben) berufliche Ausbildung mit Bezug zu Sport-, Fitness- und Gesundheitsinhalten bedeuten. Rund 21 % haben in diesem Kontext keine abgeschlossene Ausbildung vorzuweisen. Abb. 7.6 verdeutlicht das Verteilungsverhältnis.

In Bezug auf das Merkmal „Personal" haben sich die Probanden bereits bei Frage 4 einer der vier vordefinierten Mitarbeitergruppen zugeordnet. Um das gesamte Leistungsspektrum einer Fitness- und Gesundheitsanlage inhaltlich abdecken zu können, benötigt es in erster Instanz fachlicher Kompetenzen. Das entsprechende Anforderungsprofil wurde in Abschn. 4.4 aufgezeigt. Die Frage 12 der Erhebung zielte thematisch darauf ab. Diese war bewusst offen formuliert und mit entsprechend freiem Textfeld versehen. Die Probanden haben hierbei die genaue Bezeichnung bzw. den Titel ihres (angestrebten) Abschlusses mit eigenen Worten eingefügt. Ein Abgleich mit denen aus der Theorie relevanten Ausbildungsabschlüssen zeigt, dass die in der Untersuchung genannten Ausbildungen mehrheitlich übereinstimmen. Eine relevante Auswahl der erfassten Ausbildungen und Studiengänge sind folgend exemplarisch aufgelistet: Sportwissenschaften, Sportökonomie, Sportmanagement, Fitnessökonomie, Gesundheitsmanagement, berufliche Ausbildungen wie Physiotherapie, Ergotherapie, Fitnesskaufmann/-frau und diverse Fachlizenzausbildungen wie Fitness B-Lizenz und sämtliche Gesundheits-, Entspannungs- und Sportrehabilitationsausbildungen.

Tab. 7.14 Kreuztabelle zu Abschlussstatus und Mitarbeitergruppe

		Abschlussstatus				
		Ich habe bereits einen anerkannten Abschluss im Bereich Sport, Fitness und/oder Gesundheit	Ich befinde mich derzeitig in Ausbildung im Bereich Sport, Fitness und/oder Gesundheit	Ich bin gegenwärtig dual Studierender im Bereich Sport, Fitness und/oder Gesundheit	Ich habe keine Ausbildung im Bereich Sport, Fitness und/oder Gesundheit	Gesamt
Mitarbeitergruppe	Fachpersonal	68	8	3	14	93
	Führungspersonal	38	5	3	4	50
	(Potenzielles) Nachwuchspersonal	7	14	17	8	46
	sonstiges Personal	2	3	1	20	26
Gesamt		115	30	24	46	215

Wie bereits in Abschn. 7.3.2 festgestellt, haben innerhalb der Untersuchungsgruppe über 54 % einen Abschluss im Sport-, Fitness- und/oder Gesundheitsbereich. Weitere 25 % befanden sich zum Zeitpunkt der Befragung in Ausbildung. Die übrigen 21 % verfügen über keine Ausbildung im entsprechen Bereich.

Bei Betrachtung der Tab. 7.14 intensiviert sich folgendes Bild. 15 % der Befragten (14 von 93) ordnen sich als Fachkraft- bzw. personal ein, ohne einen Abschluss mit Sport-, Fitness- und/oder Gesundheitskontext zu haben. Weiterhin lässt sich herauslesen, dass jeder vierte Proband, der sich als Führungskraft bzw. -personal wahrnimmt, über keine oder bisher noch keine abgeschlossene Ausbildung verfügt. Hingegen besitzen 15 % der (potenziellen) Nachwuchskräfte (7 von 46) bereits eine fertige Ausbildung im Sport-, Fitness- und/oder Gesundheitsbereich. Schließlich ist jede vierte Befragte, der sich der Mitarbeitergruppe Aushilfskraft bzw. sonstiges Personal zuordnet, fachlich ausgebildet oder auf dem Weg dorthin.

7.3.4 Ergebnisse des Subtests zur Bestimmung und Einordnung des Marktakteurs

Nach dem Typus ihrer Einrichtung wurden die Probanden in Frage 13 gebeten. Diese ist bewusst ohne Antwortmöglichkeiten gekennzeichnet worden, um die gesamte Bandbreite der im Fitness- und Gesundheitsmarkt agierenden Akteure aufzuzeigen. Ein Auszug der genannten Unternehmenstypen ist nachstehend dargestellt: Gesundheitszentrum, Fitnessstudio, Sportzentrum, Therapiezentrum, Praxis für Ergotherapie oder Physiotherapie.

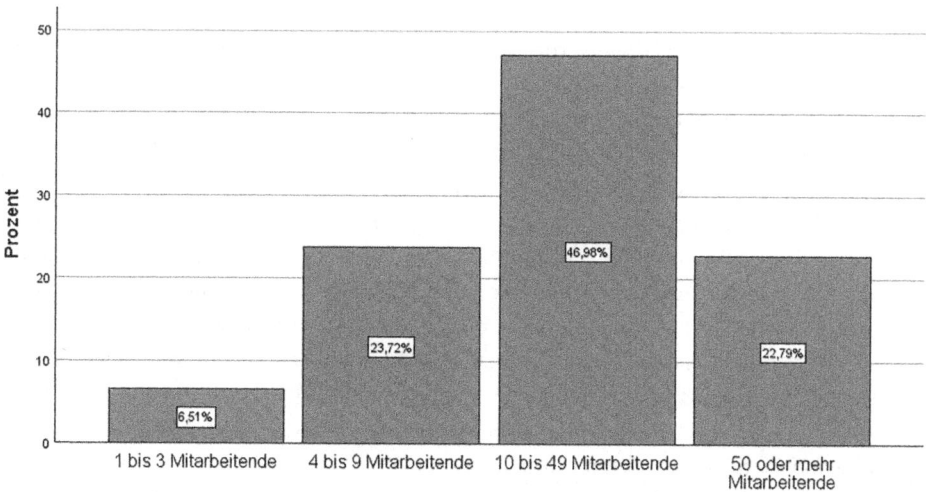

Abb. 7.7 Balkendiagramm zur Verteilung der Beschäftigtenzahl in den Unternehmen (in Prozent)

Um ein umfängliches Bild der Fitness- und Gesundheitsbetriebe zu erhalten, wurde neben dem spezifischen Unternehmenstypus daraufhin in Frage 14 die Mitarbeiterstärke untersucht. Die Ergebnisse der Befragung sind in Abb. 7.7 verdeutlicht. Es zeigt sich, dass fast die Hälfte bzw. 47 % der Probanden in einer Fitness- und Gesundheitseinrichtung mit mindestens zehn Mitarbeitenden tätig sind, wobei sich die Zahl bis auf 49 Beschäftigte anhand der Datenlage erstreckt. Knapp 23 % arbeiten sogar in Anlagen mit einer Personalstärke über 50 Mitarbeitenden. Wie sich die Personalstruktur genau zusammensetzt ist aus der Erhebung nicht erkennbar. Nahezu jeder vierte Betrieb beschäftigt zwischen vier und neun Mitarbeitenden. Bei den restlichen Unternehmen handelt es um Solobetriebe oder mit maximal 3 Beschäftigten. In Abb. 7.7 ist die Verteilung veranschaulicht.

Die letzten Ergebnisse beziehen sich auf den Fragebogenzugang. Hierbei ist zu erkennen, dass rund 59 % der Probanden über Social-Media-Beiträge auf die Studie aufmerksam geworden sind. Dort konnte mit dem beigefügten Zugangslink an der Befragung teilgenommen werden. Etwas mehr als 41 % hingegen wurden über einen persönlichen Link zur Studie eingeladen.

7.4 Zusammenfassung der Datenanalyse

Während der Datenanalyse wurden die Antworten von 215 Probanden ausgewertet. Diese zeigen interessante Einblicke in das Bewerbungsverhalten und die aktuelle Bedürfniswelt der befragten Mitarbeitenden. Auch Bewertungen zu den gegenwärtigen Recruitingstrategien in den Unternehmen der Probanden geben Hinweise auf mögliche Verbesserungs- und Anpassungsansätze.

Ein zentrales Ergebnis der Umfrage belegt, dass 90 % der Befragten ihre Bewerbungen nicht über traditionelle Kanäle wie Post oder E-Mail versenden. Dies bestätigt sich darin, dass für die Befragten moderne digitale Netzwerke und soziale Medien eine zunehmend wichtige Rolle im Bewerbungsprozess spielen. Hingegen negieren 50 % der Mitarbeitenden den Einsatz von künstlicher Intelligenz wie beispielsweise ChatGPT. So bestätigen gerade einmal etwas über 2 % der Befragten die Anwendung von KI-gestützten Tools im Rekrutierungsverfahren ihres Unternehmens. Auffallend in dem Kontext ist, dass mehr als 21 % keine Aussage darüber machen können.

Ein weiteres bedeutendes Ergebnis zeigt, dass eine ausgewogene Work-Life-Balance als das wichtigste Motiv für die Wahl eines Arbeitsplatzes angesehen wird. Dies unterstreicht die Notwendigkeit für Unternehmen, flexible Arbeitsmodelle und ein entsprechendes Verhältnis zwischen Berufs- und Privatleben zu fördern, um einerseits neue Talente zu gewinnen und andererseits bestehende Mitarbeitende langfristig zu halten.

Zusätzlich geben 70 % der Probanden an, dass in ihren Unternehmen Personalbedarf besteht. Dies wird durch die Aussage von fast zwei Dritteln der Befragten unterstützt, die einen Fachkräftemangel in ihren Einrichtungen feststellen. Diese Erkenntnisse verdeutlichen die Dringlichkeit, effektivere Rekrutierungsstrategien zu entwickeln, um auch zukünftig den Bedarf an qualifizierten Fach-, Nachwuchs- und Führungskräften zu decken.

Die Umfrageergebnisse zeigen weiterhin, dass die Probanden die Bereiche „Arbeitgebermarke", „Akquise", „Selektion" und „Mitarbeiterbindung" als verbesserungswürdig betrachten. Hier wurden konkrete Verbesserungsvorschläge gemacht, die darauf abzielen, die Attraktivität der Arbeitgebermarke zu steigern und die Rekrutierungsprozesse zu optimieren. Hierbei werden mehr Empathie, Authentizität und eine transparente und besonders offenere Unternehmen-Mitarbeiter-Kommunikation gefordert.

Insgesamt bietet die Datenanalyse wertvolle Hinweise darauf, wie Unternehmen im Fitness- und Gesundheitsmarkt ihre Rekrutierungsstrategien anpassen können, um den zukünftigen Wettbewerbsherausforderungen und Erwartungen der Bewerbenden gerecht zu werden. Im folgenden Teil III werden die Ergebnisse diskutiert, bevor in Kap. 9 geeignete Strategien und Handlungsempfehlungen abgeleitet werden.

Literatur

Berekoven, L., Eckert, W. & Ellenrieder, P. (2001). *Marktforschung: Methodische Grundlagen und praktische Anwendungen* (9. Aufl.). Springer Gabler.

Field, A. (2013). *Discovering Statistics using IBM SPSS STATISTICS* (4. Aufl.). Sage.

Häder, M. (2010). *Empirische Sozialforschung. Eine Einführung*. Springer VS.

Kuß, A. (2012). *Marktforschung, Grundlagen der Datenerhebung und Datenanalyse* (4. Aufl.). Springer Gabler.

PollPool. (2024). *Forschungswebseite*. PollPool. Veröffentlicht 2016. https://www.poll-pool.com/de. Zugegriffen am 16.09.2024

SurveyCircle. (2024). *Forschungswebseite SurveyCircle*. Veröffentlicht 2016. https://www.surveycircle.com. Zugegriffen am 22.08.2024

SurveySwap. (2024). *Forschungswebseite SurveySwap*. https://surveyswap.io/de/?utm_source=google&utm_medium=cpc&utm_campaign=19856580889&utm_content=146795312563&utm_term=surveyswap&gad_source=1&gclid=EAIaIQobChMItuHI1tv3iAMVyZtoCR0LpSWvEAAYASAAEgIMuvD_BwE. Zugegriffen am 10.09.2024

Teil III
Erkenntnisgewinne für die Praxis

Teil III des Buches widmet sich einer kritischen Auseinandersetzung mit den empirischen Ergebnissen. Zunächst werden die gewonnenen Daten und Erkenntnisse eingehend diskutiert, um deren Relevanz und Aussagekraft im Kontext des Fitness- und Gesundheitsmarktes zu bewerten. Diese kritische Reflexion ermöglicht es, Stärken und Schwächen der bisherigen Analysen zu identifizieren.

Im Anschluss daran werden geeignete Strategien formuliert und konkrete Handlungsempfehlungen abgeleitet, die darauf abzielen, die Rekrutierungsprozesse im Fitness- und Gesundheitsmarkt zu optimieren. Diese Empfehlungen bieten praxisnahe Ansätze, um die Herausforderungen der Unternehmen effektiv zu meistern. Abgerundet wird das Kapitel durch einfach strukturierte Checklisten, die für die direkte Umsetzung in die Praxis herangezogen werden können.

Das Buch endet mit einem Schlusswort., Hier wird der Blick auf zukünftige Forschungsarbeiten gerichtet, die auf den bisherigen Erkenntnissen aufbauen. Hierbei werden potenzielle Forschungsfragen und -themen skizziert, die dazu beitragen können, das Verständnis für die Dynamiken im Fitness- und Gesundheitsmarkt weiter zu vertiefen und innovative Lösungen zu entwickeln.

Diskussion der empirischen Ergebnisse

8

Zunächst werden die grundlegenden Kernergebnisse, die sich während der Datenanalyse herausgestellt haben (vgl. Abschn. 7.3), in den Gesamtkontext gebracht und anschließend in die zentrale Forschungsfrage eingeordnet.

Zur Erinnerung wird die leitende Forschungsfrage (FF) an der Stelle nochmals dargelegt: Wie lassen sich relevante Aspekte des Recruiting aus der Perspektive von Fach,- Nachwuchs- und Führungskräften in den derzeitigen Status Quo im Fitness- und Gesundheitsmarkt einordnen?

Zur einfacheren Nachvollziehbarkeit wird sich die Diskussion an den Inhalten der Subtests im Fragebogen orientieren. Nachfolgende Reihenfolge wird dabei eingehalten:

(1) Subtest zur Bestimmung soziodemografischer Indikatoren
(2) Subtest zur Bestimmung und Einordnung des Marktakteurs
(3) Subtest zur Bestimmung von Bewerbungsverhalten und Personalstatus
(4) Subtest zur Bestimmung rekrutierungsspezifischer Indikatoren

Diskussion zum Subtest zur Bestimmung soziodemografischer Indikatoren
Wie in Abschn. 7.3.3 dargelegt, besteht die Befragungsgruppe aus einer annähernd ausgeglichenen Anzahl von männlichen und weiblichen Probanden, sodass hierbei von einer Homogenität in der Geschlechterverteilung zu sprechen ist.

Hingegen auffallend sind die Verhältnisse der Geburtsjahrgangsgruppen. Es liegt eine deutliche Überrepräsentanz derjenigen Befragten vor, die zwischen dem Jahr 1980 und 2009 geboren worden sind. Etwa 8 von 10 Probanden können den Generationen Y und Z zugeordnet werden. Ein Grund dafür lässt sich in der verstärkten Affinität zu digitalen Anwendungen, zu der die durchgeführte Onlinebefragung zählt, vermuten. Im Gegensatz zu ihren Vorgängern, also den Jahrgängen bis 1979, kann von einer allgemein höheren technologischen Grundversiertheit ausgegangen werden.

Mit etwa 11 % „Babyboomern" und 4 %, die zwischen 1950 und 1964 geboren worden sind, werden diese Gruppen den „Digital Immigrants" zugeordnet. Darüber hinaus liegt die Besonderheit der Untersuchungsgruppe darin, dass ausschließlich bestehende Mitarbeitende aus dem Fitness- und Gesundheitsbereich befragt worden sind. Zugleich wurden durch die Selbstselektion vorrangig jene Probanden angezogen, die sich zur Selbstauskunft bereitgestellt haben.

Weitere Ergebnisse bieten interessante Einblicke in die Qualifikationen und Hintergründe, sowohl der befragten Fach- und Führungskräfte, als auch der untersuchten Nachwuchs- und Aushilfskräfte im Fitness- und Gesundheitsmarkt (vgl. Abschn. 7.3.3).

Innerhalb der Untersuchungsgruppe haben über 54 % einen Abschluss im Sport-, Fitness- und/oder Gesundheitsbereich. Weitere 25 % befanden sich zum Zeitpunkt der Befragung in Ausbildung. Dies bedeutet, durchschnittlich 8 der 10 befragten Mitarbeitenden verfügen (in naher Zukunft) über die notwendige fachliche Voraussetzung, um in einem Unternehmen des definierten Fitness- und Gesundheitsmarktes „offiziell" tätig werden zu können. Diese Quote kann zunächst als positiv eingestuft werden.

Im nächsten Schritt soll die Befragungsgruppe tiefer gehend betrachtet und dabei die Ergebnisse in einen größeren Kontext gebracht werden. Etwa 15 % der Befragten ordnen sich als Fachkräfte ein, ohne jedoch über einen Abschluss im Sport-, Fitness- und/oder Gesundheitsbezug zu verfügen. Dies deutet darauf hin, dass dieser Teil der Beschäftigten nicht über eine formale Ausbildung in diesem Fachbereich verfügt. Dies könnte darauf hinweisen, dass praktische Erfahrung und persönliche Leidenschaft für den Sektor „Fitness" und „Gesundheit" oft wichtiger sind als akademische Abschlüsse. Ein Beispiel hierfür könnte ein Personaltrainer sein, der durch eigene Erfahrungen im Sport und durch Selbststudium viel Wissen angeeignet hat, aber keinen offiziellen Abschluss vorweisen kann.

Weiterhin verfügt jeder vierte Proband, der sich als Führungskraft einordnet, über keine oder bisher noch keine abgeschlossene Ausbildung: Diese Zahl ist besonders bemerkenswert, da Führungskräfte in der Regel eine entscheidende Rolle in der strategischen Ausrichtung und im Management von Fitness- und Gesundheitseinrichtungen spielen. Das Fehlen einer formalen Ausbildung könnte darauf hindeuten, dass in der Branche oft auf Quereinsteiger gesetzt wird, die möglicherweise aus anderen Bereichen kommen und ihre Fähigkeiten in der Praxis entwickelt haben. Dies könnte sowohl Vor- als auch Nachteile mit sich bringen. Während frische Perspektiven und innovative Ansätze gefördert werden können, könnte auch ein Mangel an spezifischem Fachwissen in der Führungsebene hervorgerufen werden.

In der weiteren Betrachtung sind 15 % der Beschäftigten, die der Gruppe der (potenziellen) Nachwuchskräfte angehören, im Besitz eines Abschlusses im Sport-, Fitness- und/oder Gesundheitsbereich. Diese Zahl zeigt, dass es eine gewisse Basis an qualifizierten Nachwuchskräften gibt, die in diesen Sektor eintreten. Dies ist positiv, da es darauf hindeutet, dass es akademische Ausbildungen gibt, die auf die Bedürfnisse des Marktes abgestimmt sind. Diese Absolventen könnten frische Ideen und aktuelle wissenschaftliche Erkenntnisse in die Branche einbringen, was für die Weiterentwicklung des Sektors von Vorteil sein kann.

Schließlich ist jeder vierte Befragte, der sich als Aushilfskraft wahrnimmt, fachlich ausgebildet oder auf dem Weg dorthin. Dies zeigt, dass auch im Bereich der Aushilfskräfte ein gewisses Maß an Fachwissen vorhanden ist. Aushilfskräfte spielen oft eine wichtige Rolle in Fitnessstudios und Gesundheitszentren, insbesondere in der Kundenbetreuung und im Service. Eine fachlich ausgebildete Aushilfskraft kann dazu beitragen, die Qualität der Dienstleistungen zu erhöhen und das Vertrauen der Kunden zu gewinnen.

Die obig interpretierten Ergebnisse deuten darauf hin, dass der Fitness- und Gesundheitsmarkt eine heterogene Belegschaft hat, die sowohl aus erfahrenen Praktikern ohne formale Ausbildung als auch aus akademisch ausgebildeten Arbeitskräften besteht. Dies könnte die Branche dynamisch und anpassungsfähig machen, birgt jedoch auch Herausforderungen in Bezug auf die Qualität und Konsistenz der Dienstleistungen.

Ein Beispiel für die Auswirkungen dieser Dynamik könnte die zunehmende Popularität von Onlinefitness sein, die oft von Trainern ohne formale Ausbildung, aber mit viel praktischer Erfahrung angeboten werden. Diese Programme können sehr erfolgreich sein, zeigen jedoch auch, dass die Branche möglicherweise nicht immer auf akademische Standards angewiesen ist. Insgesamt könnte man behaupten, dass der Fitness- und Gesundheitsmarkt von einer Mischung aus Erfahrung und Ausbildung profitiert, aber auch die Notwendigkeit besteht, Standards zu setzen und die Qualität der Ausbildung zu fördern, um langfristig die Professionalität und das Vertrauen in die Branche zu sichern.

Diskussion zum Subtest zur Bestimmung und Einordnung des Marktakteurs
Die Ergebnisse der Befragung geben einen aufschlussreichen Einblick in die Struktur des Fitness- und Gesundheitsmarktes in Deutschland. Etwa 47 % der Probanden sind in Einrichtungen mit mindestens zehn Mitarbeitenden tätig, was darauf hindeutet, dass ein erheblicher Teil des Marktes aus mittelgroßen Betrieben besteht (vgl. Abschn. 7.3.4). Diese Einrichtungen, die bis zu 49 Mitarbeitende beschäftigen, können als stabiler Teil des Marktes betrachtet werden, da sie in der Lage sind, eine breitere Palette von Dienstleistungen anzubieten und eine diversifizierte Kundenbasis zu bedienen.

Die Tatsache, dass knapp 23 % der Befragten in Anlagen mit über 50 Mitarbeitenden arbeiten, zeigt, dass es auch größere Akteure im Markt gibt, die möglicherweise über mehr Ressourcen und eine stärkere Marktpräsenz verfügen. Diese größeren Einrichtungen könnten in der Lage sein, innovative Programme und Technologien zu implementieren, um sich von kleineren Wettbewerbern abzuheben. Ein Beispiel hierfür sind große Fitnessketten wie „McFit" oder „Fitness First", die durch ihre Größe und Vielfalt an Angeboten eine breite Zielgruppe ansprechen.

Die Ergebnisse zeigen auch, dass nahezu jeder vierte Betrieb zwischen vier und neun Mitarbeitende beschäftigt. Dies deutet auf eine Anzahl tendenziell kleinerer Fitness- und Gesundheitseinrichtungen hin, die möglicherweise eine persönlichere Betreuung und individuelle Dienstleistungen anbieten können. Diese kleineren Betriebe könnten sich durch spezialisierte Angebote, wie etwa Personaltraining oder spezifische Gesundheitsprogramme, differenzieren. Ein Beispiel hierfür sind lokal verortete Fitnessstudios, die sich auf bestimmte Zielgruppen, wie Senioren oder nur Frauen fokussieren.

Die restlichen Unternehmen, die entweder Solobetriebe oder maximal drei Mitarbeitende beschäftigen, verdeutlichen die Existenz von Nischenanbietern im Markt. Diese kleinen Betriebe könnten in der Lage sein, sehr spezifische Dienstleistungen anzubieten, die auf individuelle Bedürfnisse zugeschnitten sind, wie etwa private Physiotherapiepraxen oder spezialisierte Ergotherapiezentren. Diese Art von Einrichtungen spielt eine wichtige Rolle im Gesundheitsmarkt, da sie oft engere Beziehungen zu ihren Klienten bzw. Patienten aufbauen und maßgeschneiderte Lösungen anbieten können.

Insgesamt spiegeln die soeben genannten Ergebnisse die Diversität des Fitness- und Gesundheitsmarktes wider. Die unterschiedlichen Betriebsgrößen und -strukturen zeigen, dass es sowohl große, etablierte Anbieter als auch kleinere, spezialisierte Einrichtungen gibt, die jeweils ihre eigenen Stärken und Herausforderungen haben. Diese Vielfalt ist entscheidend für die Wettbewerbsfähigkeit des Marktes und bietet den Verbrauchern eine breite Palette an Optionen, um ihre Gesundheits- und Fitnessziele zu erreichen.

Zusammenfassend lässt sich sagen, dass die Ergebnisse auf einen dynamischen und vielfältigen Markt hinweisen, der sowohl große als auch kleine Akteure umfasst, die jeweils unterschiedliche Bedürfnisse und Präferenzen der Kunden bedienen. Dies könnte auch darauf hindeuten, dass zukünftige Rekrutierungsstrategien und -praktiken in der Branche an diese Diversität angepasst werden müssen, um die besten Talente zu gewinnen und zu halten.

Diskussion zum Subtest zur Bestimmung von Bewerbungsverhalten und Personalstatus

Die vorliegenden Ergebnisse zur Anzahl der Bewerbungsversuche in den letzten fünf Jahren geben einen ersten Überblick in die Dynamik des Arbeitsmarktes im Fitness- und Gesundheitssektor. Aus Abschn. 2.1 ist bekannt, dass Kandidierende, allgemein und branchenunabhängig, im Schnitt 25 Bewerbungen benötigen, um ein Jobangebot zu erhalten.

Im Gegensatz zu den theoretischen Erkenntnissen aus Abschn. 2.1 gaben 60 % der Befragten der durchgeführten Untersuchung an, eine bis maximal fünf Bewerbungsversuche in den letzten fünf Jahren vorgenommen zu haben. Diese Zahl deutet darauf hin, dass ein Großteil der Befragten relativ zurückhaltend bei der Jobsuche ist. Möglicherweise sind viele in ihren aktuellen Positionen zufrieden oder haben Schwierigkeiten, geeignete Stellen zu finden. Im Fitness- und Gesundheitsmarkt könnte dies darauf hindeuten, dass die Branche zwar wächst, aber nicht genügend neue Stellen schafft, um eine hohe Fluktuation zu fördern. Ein Beispiel könnte ein Sportwissenschaftler oder ausgebildeter Fachtrainer sein, der in einem Fitnessstudio arbeitet und aufgrund des stabilen Arbeitsverhältnisses und der für ihn passenden Bedingungen nicht aktiv nach neuen Stellen sucht.

Interessant ist, dass etwa 22 % keinen einzigen Bewerbungsversuch im genannten Zeitraum unternommen haben (vgl. Abschn. 7.3.1). Diese Zahl ist könnte darauf hindeuten, dass ein Teil der Befragten entweder in einer stabilen Anstellung ist oder möglicherweise nicht aktiv auf der Suche nach einer neuen Position ist. Dies könnte auch auf eine gewisse Resignation oder Unzufriedenheit mit den verfügbaren Jobmöglichkeiten hinweisen. Im Kontext des Fitnessmarktes könnte dies bedeuten, dass beispielsweise Fach- und Führungskräfte in ihrer aktuellen Rolle verharren, weil sie glauben, dass es schwierig ist, eine bessere Position zu finden.

Rund 12 % der Probanden schätzen ihre Bewerbungsanzahl auf sechs bis 20 in den letzten fünf Jahren. Diese Gruppe zeigt eine aktivere Herangehensweise an die Jobsuche. Sie könnten auf der Suche nach besseren Karrieremöglichkeiten oder einer Spezialisierung innerhalb des Fitness- und Gesundheitssektors sein. Diese Zahl könnte auch darauf hindeuten, dass es in der Branche eine gewisse Mobilität gibt, insbesondere unter Fachkräften, die sich weiterentwickeln möchten.

Letztlich haben 6 % mehr als 21 Bewerbungen in den vergangenen fünf Jahren versendet. Diese Gruppe ist sehr aktiv in ihrer Jobsuche und könnte auf eine hohe Unzufriedenheit mit der aktuellen beruflichen Situation oder den Wunsch nach einem Karrierewechsel hinweisen. In der Fitness- und Gesundheitsbranche könnte dies beispielsweise hochausgebildete Fachkräfte betreffen, die in verschiedenen Einrichtungen arbeiten möchten, um ihre Erfahrungen zu erweitern oder neue Herausforderungen zu suchen.

Zusammenfassend deutet die Diskussion um die Bewerbungsanzahl darauf hin, dass der Fitness- und Gesundheitsmarkt eine gewisse Stabilität aufweist, wenn auch Herausforderungen in Bezug auf die Jobmobilität und die Zufriedenheit der befragten Mitarbeitenden bestehen. Die hohe Anzahl an Befragten, die keine oder nur wenige Bewerbungen eingereicht haben, könnte darauf hinweisen, dass die Probanden in ihren aktuellen Positionen verharren, was sowohl positive als auch negative Aspekte haben kann, wie beispielsweise das fehlende Marktpotenzial für Aufstiegs- und Karrierechancen und allgemein berufliche Veränderungswünsche, welche die „suchenden" Fach-, Nachwuchs- und Führungskräfte ermutigen, sich zu bewerben.

Diskussion zum Subtest zur Bestimmung von Bewerbungsverhalten und Personalstatus

Im Weiteren werden die Ergebnisse zur Art und Weise, wie Bewerbungen im Fitness- und Gesundheitsmarkt eingereicht werden, diskutiert. Die Auswertung bietet wertvolle Einblicke in die aktuellen Tendenzen und Praktiken der Jobsuche in der Branche.

Interessant ist, dass 90 % der Probanden ihre Bewerbungen nicht per Post oder über E-Mail versenden (vgl. Abschn. 7.3.1). Diese Zahl zeigt, dass traditionelle Bewerbungswege in dem Wirtschaftszweig kaum genutzt werden. Dies könnte darauf hindeuten, dass die Befragten die Effizienz und Schnelligkeit von onlinebasierten Bewerbungen bevorzugen. In Branchen mit hoher Personalfluktuation scheint es sinnvoll, dass Bewerbende digitale Direktkanäle nutzen, um ihre Chancen zu maximieren und so schneller auf potenzielle Personalengpässe reagieren zu können.

Die Analyse zeigt ferner, dass etwa 20 % ihre Bewerbungsunterlagen direkt im Unternehmen, d. h. persönlich und in schriftlicher Form, abgeben. Dieser Prozentsatz lässt vermuten, dass ein gewisser Teil der Bewerbenden den persönlichen Kontakt sucht, was in der Dienstleistungsbranche von Vorteil sein kann. Das proaktive persönliche Vorsprechen kann helfen, die eigene Motivation und Eignung direkt zu kommunizieren. Beispielsweise könnte ein Suchender seine Unterlagen direkt im Fitnessstudio abgeben und vor Ort mit dem Studioleiter sprechen, um seine Leidenschaft für Fitness und Gesundheit persönlich zu vermitteln, was in einer rein schriftlichen Form möglicherweise dementsprechend nicht zur Geltung kommen würde. Die persönliche Abgabe von Bewerbungen hat, obwohl sie nur von 20 % der Befragten genutzt wird, dennoch einen wichtigen Platz im Bewerbungsprozess Dies könnte darauf hindeuten, dass persönliche Kontakte und Netzwerke in der Fitness- und Gesundheitsbranche nach wie vor eine Rolle spielen, insbesondere in einem Bereich, der stark auf zwischenmenschliche Beziehungen angewiesen ist. Im Gegensatz zur persönlichen Abgabe nutzen sechs von zehn Probanden überwiegend Online-Jobbörsen oder die Bewerbungsformulare auf den Unternehmenswebseiten. Dieses Ergebnis verdeutlicht den anhaltenden Trend zur Digitalisierung im Bewerbungsprozess.

Im nachfolgenden Diskussionspunkt soll ein Blick auf die Motivstruktur von Beschäftigten im Fitness- und Gesundheitsmarkt geworfen werden. Auch hier sind wertvolle Einblicke in die Prioritäten und Bedürfnisse der befragten Mitarbeitenden gegeben.

Nahezu jedem dritten Beschäftigten ist eine ausgewogene „Work-Life-Balance" der wichtigste Motivationsfaktor. Diese Quote zeigt, dass viele Mitarbeitende im Fitness- und Gesundheitssektor Wert auf ein ausgewogenes Verhältnis zwischen Berufs- und Privatleben legen. In Fitnessstudios beispielsweise, in denen die Beschäftigten oftmals langen Arbeitszeiten und unregelmäßigen Schichten ausgesetzt sind, ist es besonders wichtig, dass Arbeitgeber flexible Arbeitsmodelle anbieten, um die Zufriedenheit und das Wohlbefinden ihrer Fach-, Nachwuchs- und Führungskräfte zu fördern, beispielsweise auch zu dem Zweck, persönlichen Verpflichtungen im Alltag nachkommen zu können.

Das Motiv „Flexibilität" erreichte mit etwa 23 % den zweithöchsten Rang. Flexibilität ist ein entscheidender Faktor, der eng mit der Work-Life-Balance verbunden ist. Mitarbeitende, die die Möglichkeit haben, ihre Arbeitszeiten oder -orte anzupassen, sind oft motivierter und produktiver. In der Fitness- und Gesundheitsbranche könnte dies bedeuten, dass Mitarbeitende die Möglichkeit haben, ihre Stunden selbst zu planen oder beispielsweise Onlinekurse anzubieten, um ihre Arbeitsbelastung zu steuern. Dies könnte auch dazu beitragen, die Mitarbeiterbindung zu erhöhen, da flexible Arbeitsbedingungen oft als attraktiv wahrgenommen werden.

Mit 22 % ist das Motiv „hohes Gehalt" auf dem dritten Platz. Obwohl ein hohes Gehalt für viele wichtig ist, zeigt die relative Platzierung in der Rangordnung, dass dies nicht der einzige oder wichtigste Motivationsfaktor ist. In der Fitness- und Gesundheitsbranche, in der eine Vielzahl von Beschäftigten aus Leidenschaft für Fitness und Gesundheit arbeiten, könnte dies darauf hindeuten, dass die Mitarbeitenden bereit sind, auf ein höheres Gehalt zu verzichten, wenn sie dafür eine bessere Work-Life-Balance oder flexiblere Arbeitsbedingungen erhalten.

Den Abschluss der Rangliste bildet das Merkmal „Selbstverwirklichung", welches über 36 % der Probanden für sich nicht als vorrangig empfinden. Dieser Prozentsatz ist besonders aufschlussreich, da er darauf hinweist, dass die Befragten das Merkmal „Selbstverwirklichung" nicht als primären Motivationsfaktor betrachten. Dies könnte darauf hindeuten, dass viele Beschäftigte in dieser Branche eher pragmatische Ziele verfolgen, wie eine ausgewogene Lebensweise, anstatt sich ausschließlich auf persönliche Erfüllung zu konzentrieren.

Die Priorisierung der befragten Mitarbeitenden sollte bewusst genutzt werden, damit die Arbeitgeber im Markt ihre Rekrutierungs- und Bindungsstrategien so anpassen, dass diese den Bedürfnissen ihrer Mitarbeitenden gerecht werden.

Insgesamt zeigt die Analyse der Motivationsstruktur, dass der Fitness- und Gesundheitsmarkt eine sich verändernde Landschaft ist, in der die Bedürfnisse und Prioritäten der Mitarbeitenden zunehmend in den Vordergrund rücken. Arbeitgeber, die diese Tendenzen erkennen und darauf reagieren, könnten langfristig erfolgreicher sein und eine engagierte und motivierte Belegschaft aufbauen.

Subtest zur Bestimmung rekrutierungsspezifischer Indikatoren
In der nun dargelegten weiteren Diskussion sollen nun die Ergebnisse zur Wahrnehmung der Arbeitgebermarke gedeutet. Die hohe Identifikation der Mitarbeitenden mit ihrem Unternehmen (77 %) weist auf ein harmonisches Arbeitsklima und eine positive Unternehmenskultur hin (vgl. Abschn. 7.3.2). Dies ist besonders wichtig im Fitness- und Gesundheitsmarkt, in dem Mitarbeitende oft als Markenbotschafter fungieren können (vgl. Abschn. 2.5). Hierbei spielt auch das positive öffentliche Image eine entscheidende Rolle, um einerseits neue Kunden zu gewinnen und andererseits bestehende Mitglieder zu halten. Die Möglichkeit einer ausgewogenen Work-Life-Balance, die als entscheidender Motivationsfaktor beurteilt wurde, ist nach Einschätzung von 75 % der Probanden in ihren Unternehmen leb- und umsetzbar.

Ferner ist die Berücksichtigung ihrer Verbesserungsvorschläge für 75 % gegeben. Wenn Mitarbeitende das Gefühl haben, dass ihre Meinungen und Vorschläge ernst genommen werden, fördert dies die Motivation und das Engagement. Im Fitnessbereich könnten Ideen zur Verbesserung von Trainingsprogrammen oder zur Einführung neuer Kurse direkt von den Mitarbeitenden vorgeschlagen und aufgegriffen werden können.

60 % der Befragten empfinden ihre Entlohnung als angemessen. Die Tatsache, dass damit aber 40 % der Befragten mit ihrer Entlohnung unzufrieden sind, könnte auf ein Problem im Bereich der Mitarbeiterzufriedenheit hinweisen. Dies könnte wiederum zu einer hohen Fluktuation führen. Unternehmen, die faire und wettbewerbsfähige Gehälter anbieten, könnten sich wiederum somit von ihren Marktbegleitern abheben.

Abschließend zeigen die Ergebnisse, dass die hohe Wahrnehmung des Unternehmens als attraktiver Arbeitgeber ein Indikator für eine starke Arbeitgebermarke ist. Deutlich wurde dies mit dem Ergebnis von 73 % der Befragten.

Insgesamt zeigen die Ergebnisse, dass es im Fitness- und Gesundheitsmarkt wichtig ist, eine positive Unternehmenskultur zu fördern, die Mitarbeitenden in Entscheidungsprozesse einzubeziehen und faire Arbeitsbedingungen zu schaffen. Unternehmen, die diese Faktoren berücksichtigen, werden wahrscheinlich erfolgreicher sein und eine loyalere Mitarbeiterschaft aufbauen.

Die weiteren vorliegenden Ergebnisse zur Personalbesetzung im Fitness- und Gesundheitsmarkt geben wertvolle Einblicke in die Herausforderungen, mit denen Unternehmen in dieser Branche konfrontiert sind.

Die Besetzung von Führungspositionen ist nach Einschätzung von 35 % der Probanden erst nach mindestens 4 Monaten erfolgreich (vgl. Abschn. 7.3.2). Diese Zahl deutet darauf hin, dass die Rekrutierung von Führungskräften in der Fitness- und Gesundheitsbranche zeitaufwendig ist. Dies könnte auf einen Mangel an qualifizierten Kandidierenden oder auf die spezifischen Anforderungen an Führungskräfte in dieser Branche hinweisen. In einem Sektor, der stark auf zwischenmenschliche Fähigkeiten und Fachwissen angewiesen ist, kann es schwierig sein, geeignete Führungspersönlichkeiten zu finden, die sowohl die nötige Erfahrung als auch die Fähigkeit zur Mitarbeiterführung mitbringen. Ein Beispiel könnte ein großes Fitnessstudio sein, das Schwierigkeiten hat, einen neuen Studioleiter zu finden, der nicht nur die betriebswirtschaftlichen Aspekte versteht, sondern auch ein gutes Gespür für die Bedürfnisse der Kunden und Mitarbeiter hat.

Etwa 46 % der Befragten bestätigen die Herausforderungen bei der Besetzung von Ausbildungsplätzen. Diese Quote besagt, dass es auch im Bereich der Ausbildung Schwierigkeiten gibt, geeignete Bewerbende zu finden. Dies könnte nach sich ziehen, dass die Branche möglicherweise nicht genügend junge Talente anzieht oder dass die Ausbildungsangebote nicht attraktiv genug sind. Dies könnte bedeuten, dass Ausbildungsstätten und Unternehmen stärker zusammenarbeiten müssen, um praxisnahe und ansprechende Ausbildungsprogramme zu entwickeln, die den Bedürfnissen der Branche gerecht werden.

Sieben von zehn Mitarbeitenden geben an, dass es aktuell Personalbedarf in ihrem Unternehmen gibt. Diese hohe Zahl weist auf einen akuten Personalengpass hin, der möglicherweise die Qualität der Dienstleistungen beeinträchtigen könnte. In einem Bereich, in dem Kundenservice und persönliche Betreuung entscheidend sind, kann ein Mangel an Personal zu längeren Wartezeiten, weniger individuellen Trainingsangeboten und einer insgesamt schlechteren Kundenerfahrung führen. Ein Beispiel könnte ein Fitnessstudio sein, das aufgrund von Personalmangel nicht in der Lage ist, ausreichend Kurse anzubieten oder individuelle Trainingspläne zu erstellen.

Fast zwei Drittel der Probanden empfinden einen Fachkräftemangel in ihrem Unternehmen. Diese Zahl unterstreicht die Herausforderungen, mit denen Unternehmen im Fitness- und Gesundheitsmarkt gegenwärtig konfrontiert sind, um qualifizierte Fachkräfte zu finden. Der Fachkräftemangel könnte durch verschiedene Faktoren bedingt sein, darunter die wachsende Nachfrage nach Fitness- und Gesundheitsdienstleistungen, die nicht mit dem Angebot an qualifizierten Fachkräften Schritt hält. Dies könnte auch darauf hindeuten, dass die Branche möglicherweise nicht genügend Anreize bietet, um Fachkräfte zu gewinnen und zu halten, wie z. B. wettbewerbsfähige Gehälter oder attraktive Arbeitsbedingungen.

8 Diskussion der empirischen Ergebnisse

Die Ergebnisse deuten darauf hin, dass der Fitness- und Gesundheitsmarkt vor erheblichen Herausforderungen bei der Personalbesetzung steht. Die lange Dauer der Rekrutierung von Führungskräften, die Schwierigkeiten bei der Besetzung von Ausbildungsplätzen und sowie der akute Personalbedarf sind Indikatoren für einen angespannten Arbeitsmarkt in dieser Branche.

Ein Beispiel für eine mögliche Lösung könnte die Implementierung von gezielten Rekrutierungsstrategien sein, die auf die spezifischen Bedürfnisse der Branche zugeschnitten sind. Unternehmen könnten beispielsweise Partnerschaften mit Bildungseinrichtungen eingehen, um Praktika und Ausbildungsplätze anzubieten, die den Studierenden praktische Erfahrungen ermöglichen und gleichzeitig den Unternehmen helfen, potenzielle zukünftige Mitarbeitende zu identifizieren.

Insgesamt zeigt die Analyse der Ergebnisse der Studie, dass der Fitness- und Gesundheitsmarkt dringend Maßnahmen ergreifen muss, um den wahrgenommenen Fachkräftemangel zu bekämpfen und die Attraktivität der Branche für neue Talente zu erhöhen. Dies könnte durch verbesserte Ausbildungsprogramme, attraktive Arbeitsbedingungen und eine stärkere Fokussierung auf die Bedürfnisse der Mitarbeiter geschehen, um langfristig eine engagierte und qualifizierte Belegschaft aufzubauen.

Im nächsten Diskussionsschritt werden die beiden Rekrutierungsarten in Bezug auf ihre Vor- und Nachteile kritisch gegenübergestellt. Die Entscheidung, ob intern oder extern rekrutiert wird, hängt von verschiedenen Faktoren ab. Die interne Lösung ist in der Regel naheliegend. So wird die interne Förderung von Nachwuchs- und Führungskräften von zwei Drittel der Befragten als Rekrutierungsart für ihr Unternehmen festgestellt. Die Vorteile liegen auf der Hand. Zunächst fallen geringere Akquisekosten an. Zudem minimiert sich das Risiko einer Personalfehlentscheidung, da der Mitarbeitende bereits im Unternehmen integriert ist. Dies wiederum führt zu schnelleren Einarbeitungszeiten. Darüber hinaus hat die interne Rekrutierung Vorbild- und Motivationscharakter. Einerseits kann hierdurch das Engagement und die Bindung der bestehenden Belegschaft gestärkt werden, andererseits sendet diese Unternehmensstrategie bewusst Signale hinsichtlich der Karriere- und Aufstiegschancen nach außen an potenziell neue Mitarbeitende. Ein gleichermaßen Nach- wie Vorurteil findet sich hingegen in der aufgebauten „Betriebsblindheit". Langjährige Mitarbeitende sind oftmals voreingenommen und zeigen eingefahrene Sichtweisen, wenn es um die Verbesserung und Effizienzsteigerung von bestehenden Arbeitsprozessen geht. Hierbei können wiederum extern neurekrutierte Mitarbeitende für frischen Wind sorgen, die mit ihren Erfahrungen und Perspektiven zur Innovation und Weiterentwicklung des Unternehmens beitragen. Auch der Zugang zu spezialisiertem Wissen kann als Vorteil angesehen werden. Oft bringen externe Bewerbende spezifische Fähigkeiten oder Kenntnisse mit, die intern nicht vorhanden sind. Ferner kann die Integration neuer Kollegen die bestehende Unternehmenskultur bereichern und somit das Thema Diversität fördern und befeuern.

Zusammenfassend lässt sich an der Stelle feststellen, dass die Personallokalisation ein Prozess ist, der sowohl interne als auch externe Dimensionen berücksichtigt. Die Kombination aus interner Förderung und strategischer externer Rekrutierung bietet Unternehmen die Möglichkeit, gezielt die besten Talente zu identifizieren und für sich zu gewinnen. Ein durchdachtes Vorgehen in dieser Phase kann maßgeblich zum langfristigen Erfolg und zur Stabilität der Belegschaft beitragen.

Der Fitness- und Gesundheitsmarkt entwickelt sich stetig weiter (vgl. Abschn. 4.2). Die Aufgaben bleiben gegenwärtig personalintensiv und benötigen entsprechend fachliche Mitarbeitende. In diesem Phänomen zeigt sich bei der externen Recruitingvariante ein möglicher weiterer Vorteil. Im Gegensatz zu langjährigen Mitarbeitenden sind externe Kandidierende oftmals flexibler und anpassungsfähiger, wenn sich beispielsweise Marktbedingungen ändern. Insgesamt gaben etwa 29 % der befragten Probanden an, dass in ihrem Unternehmen bei entsprechendem Personalbedarf die externe Suche angewandt wird.

Als nächster Diskussionsansatz wird die Recruitingstrategie kritisch reflektiert. Der digitale Einsatz von Kommunikationstools wie soziale Netzwerke und Plattformen wird von der Hälfte der Probanden als vorrangiges Rekrutierungsinstrument wahrgenommen. Etwa 34 % gaben an, dass die Nutzung von Online-Jobbörsen vollkommen ausreichend ist, wenn es um die Akquise von potenziellen Bewerbenden geht. In beiden Varianten antworteten die Probanden einheitlich.

Rund 25 % der Probanden gaben an, dass ihr Unternehmen auf Job- und Karrieremessen vertreten ist, um persönlich in Kontakt mit potenziellen Bewerbenden zu kommen. Die Teilnahme an derartigen Veranstaltungen kann für Fitness- und Gesundheitsunternehmen sowohl positiv als auch negativ sein. Insgesamt sollte das jeweilige Management sorgfältig prüfen, ob der aktive Besuch auf Job- und Karrieremessen für ihre Rekrutierungsstrategie sinnvoll ist. Es können beispielsweise Kosten für Standmiete, Gestaltung, Transport und Marketingmaterialien entstehen. Auch die Vorbereitung erfordert Zeit und Personalressourcen. Der Aufwand und die anfallenden Ausgaben müssen gegen den potenziellen Nutzen abgewogen werden. Eine weitere vorab zu bedenkende Herausforderung ist die Veranstaltung selbst. Meist herrscht eine hohe Wettbewerbsdichte. Um Aufmerksamkeit für den eigenen Stand bzw. sein Unternehmen zu erhalten, besteht die Notwendigkeit, sich von den „Mitstreitenden" abzuheben. Hier kommt die Arbeitgebermarke ins Spiel. Der authentische und professionelle Auftritt von Stand und Personal können das eigene Markenimage sowohl positiv als auch negativ herausstellen. Letztlich ist der Erfolg eines Messebesuchs nur schwerlich vorherzusagen. Faktoren wie die Besucheranzahl, das allgemeine Interesse und die Qualität der Suchenden oder auch die aktuelle Wirtschaftslage können das Ergebnis beeinflussen.

Der Einsatz von künstlicher Intelligenz im Recruitingprozess, z. B. mithilfe von ChatGPT, scheint in den Unternehmen der Befragten eher weniger vorzukommen. Die Hälfte der Mitarbeitenden verneinen die Anwendung. Gerade einmal etwas über 2 % der Befragten bestätigen die Nutzung. Auffallend ist, dass mehr als 21 % hierzu keine Aussage machen können.

Hierbei könnte die Grundhaltung „Flexibilität und Balance zwischen Tradition und Innovation" eingenommen werden. Das Thema „KI" ist allgegenwärtig. Sämtliche Prozesse werden neu ausgerichtet, sei es im beruflichen oder auch privaten Kontext. Davon können sich selbst Bereiche nicht entziehen, von denen bis dato ausgegangen wurde, dass der

„menschliche" Kontakt an erster Stelle steht, so wie es beispielsweise im Recruiting bisher anzunehmen war. Dennoch sind bereits innovative künstlich-intelligente Lösungen zur Personalbeschaffung im Einsatz (vgl. Abschn. 2.7). Der Vorteil liegt ganz klar in der Kosten- und Zeiteffizienz. KI-gesteuerte Recruitingtools können beispielsweise den Selektierungsprozess beschleunigen, indem die Anwendungen Lebensläufe automatisiert analysieren und dadurch schneller passende potenzielle Mitarbeitende identifizieren. Durch algorithmische Ansätze kann grundsätzlich eine objektivere Auswahl getroffen werden. Ein Risiko liegt hingegen in der hinterlegten Datenbank. Diese ist letztlich nur so gut, wie ihr „Erzeuger". Es fehlt während des eigenständigen Auswahlverfahrens schlichtweg an menschlichem Urteil. So können KI-Programme nicht alle Nuancen menschlicher Interaktion und Soft Skills nachahmen. Gegenwärtig zumindest noch nicht.

Im digitalen Zeitalter ist es unerlässlich, sich der Trends im E-Recruiting anzupassen. Dennoch bleibt der persönliche Kontakt von großer Bedeutung. Dies stellt das Personalmanagement vor die Herausforderung, sowohl digitale Kanäle effektiv zu nutzen als auch die zwischenmenschliche Kommunikation nicht zu vernachlässigen. Ein maßgeschneiderter Ansatz, der die Präferenzen der Zielgruppe berücksichtigt, könnte hier der Schlüssel zum Erfolg sein. Oftmals dauern Rückmeldungen viel zu lange, was zu Frustration führt. Eine strukturellere Gestaltung dieser Rekrutierungsphase wird gefordert, um den Auswahlprozess insgesamt zu optimieren. Dies könnte nicht nur die Zufriedenheit der Bewerbenden steigern, sondern auch die Wahrscheinlichkeit erhöhen, die für das Unternehmen „optimalen" Mitarbeitenden zu finden. In der Personalselektion äußerten die Probanden aber auch den Wunsch nach diversifizierten Methoden. Vorschläge reichten von strukturierten Interviews bis hin zu Assessmentcentern, die vorrangig nicht nur fachliche Fähigkeiten, sondern auch die persönliche Eignung der Kandidierenden berücksichtigen. Dies könnte dazu beitragen, die Passgenauigkeit zwischen Mitarbeitern und Unternehmensphilosophie zu erhöhen.

Strategien, Handlungsempfehlungen und Checklisten

Auf Grundlage der theoretischen Erkenntnisse (vgl. Kap. 2, 3, 4 und 5) sowie der Analyse und Diskussion der Untersuchungsergebnisse (vgl. Kap. 7 und 8), werden nun im Folgenden die Strategien und Handlungsempfehlungen formuliert. Ziel ist es dabei, die Ableitungen anwendungsorientiert auf die von den Probanden als relevant eingestuften Qualitätsmerkmale zu fokussieren. Abschließend fassen einfach strukturierte Checklisten die jeweilige Handlungsempfehlung komprimiert zusammen. Die Entscheidung hinsichtlich der zukünftigen Rekrutierungsausrichtung stellt das Management jedes Fitness- und Gesundheitsunternehmen vor eine Herausforderung.

Die gewonnenen Erkenntnisse lassen grundsätzlich die Ableitung von Strategien und Handlungsempfehlungen zu, wenngleich die Qualität als auch die Möglichkeiten der praktischen Umsetzung aus Gründen der Schwerpunktsetzung im Rahmen des vorliegenden Buches nicht tiefer gehend beurteilt werden können. Ausgehend von den Datenergebnissen sind im Gedankenschluss zusammen mit den theoretischen Erkenntnissen nachfolgende vier Strategien mit Handlungsempfehlungen abgeleitet worden:

(1) Die Arbeitgebermarke als unternehmenskulturelle Basis
(2) Hybride Kanäle als Suchoptimum
(3) (Künstlich-)Intelligentes Management als Prozessbeschleuniger
(4) Authentizität und Empathie als Mitarbeiterbinder

Die Analyse der Ergebnisse zeigte deutliche Tendenzen, die für Unternehmen im Fitness- und Gesundheitsmarkt von Bedeutung sind. Zusammenfassend sind die Unternehmenskultur, besonders hier die Arbeitgebermarke, transparente und hybride Kommunikationsprozesse sowie die Wertschätzung persönlicher Kompetenzen zentrale Aspekte, die allgemein zur Optimierung des Recruitingprozesses beitragen können. Fitness- und

Gesundheitsunternehmen sind eingeladen diese Erkenntnisse für einen stärkeren Fokus nutzen, ihre Personalrekrutierungsstrategien dahingehend zu überdenken, dass zukünftig Status Quo und Bedürfnisse der Mitarbeitenden im Einklang zueinanderstehen.

9.1 Die Arbeitgebermarke als unternehmenskulturelles Basiselement

In der ersten Phase des Einstellungsprozesses steht das Management zunächst vor der Herausforderung, geeignete Rekrutierungswege und potenzielle Beschaffungsmärkte zu identifizieren, d. h. wo und wie die bestmöglichen Mitarbeitenden für das Unternehmen gefunden werden können (vgl. Abschn. 2.1). Um neue und gefestigte Grundlagen zu schaffen, sollen im ersten Schritt die bereits bestehenden Personalstrategien in Bezug auf den Faktor „Erfolg" evaluiert werden. Zur objektiven Messung dienen Kennzahlen wie beispielsweise Bewerberanzahl pro Stellenausschreibung, prozentuale Mitarbeiterfluktuation oder auch die Aufrufe der eigenen Karriereseite. Die Ergebnisse der internen Bewertung sind die Voraussetzung für die Entwicklung bzw. Anpassung der übergeordneten Rekrutierungsstrategie.

Ein erster zentraler Punkt liegt in der Bewertung der Unternehmenskultur. Die Probanden der durchgeführten Umfrage äußerten vermehrt den Wunsch nach stärkerer interner Förderung von bereits bestehenden Mitarbeitenden wie beispielsweise von Auszubildenden oder dual Studierenden. Dies könne ihrer Aussage nach nicht nur für eine längerfristige Mitarbeiterbindung sorgen, sondern auch die nachhaltige Identifikation mit dem Unternehmen steigern. Die Untersuchungsergebnisse zeigten weiterhin, dass für die befragten Mitarbeitenden eine ausgewogene Work-Life-Balance den wichtigsten Motivationsfaktor darstellt, wobei die entsprechende Entlohnung und hybride Arbeitsmöglichkeiten ebenfalls hohe Zustimmungswerte erreichten (vgl. Abschn. 7.3.1). Diese Aspekte unterstreichen die Bedeutung eines attraktiven Arbeitsumfelds.

An der Stelle greifen Unternehmenskultur und ihre zentralen Werte. Hier bilden der Auf- und Ausbau einer entsprechenden Arbeitgebermarke den Grundstock einer global effektiven Rekrutierungsstrategie. Die Arbeitgebermarke ist dabei als essenzieller Bestandteil des Employer Brandings zu verstehen (vgl. Abschn. 2.5 und 5.4). Die Arbeitgebermarke ist in bzw. mit der Unternehmenskultur verankert und soll den unterschiedlichen Zielgruppen als Identifikationspfeiler dienen, das Unternehmen als attraktiven Arbeitsplatz wahrzunehmen. Mit der Marke selbst ist ein authentisches Nutzenversprechen unmittelbar verbunden. In dem Zusammenhang stellt die Employer Value Proposition (EVP) den Kern der Arbeitgebermarke dar. Die EVP ist das Nutzenversprechen des Arbeitgebers an seine Mitarbeitenden in Bezug auf die Arbeitsinhalte und -rahmenbedingungen.

Inhaltliche und strukturelle Strategien in der Personallokalisation

Das steigende Gesundheitsbewusstsein und der damit wachsende Bedarf an gesundheitsrelevanten Dienstleistungen (vgl. Abschn. 4.2) bilden mitunter die strukturelle Grundlage, um als Fitness- und Gesundheitsunternehmen als attraktiver Arbeitgeber wahrgenommen zu werden.

Inhaltlich zieht ein Arbeitgeber diejenigen Mitarbeitenden an, die ähnliche Werte und Vorstellungen teilen wie das Unternehmen selbst. Dementsprechend sind transparente, d. h. klar definierte und werteorientierte Job- und Unternehmensangebote zu schaffen. Wie aus den Ergebnissen ersichtlich geworden, können dies beispielsweise Benefits wie hybride Arbeits- und Fortbildungsmöglichkeiten sein. Auch die interne Karriereentwicklung wurde im Rahmen der Befragung thematisiert. Hierbei spielen die Aussicht auf berufliches und persönliches Wachstum eine entscheidende Rolle. Unternehmen sollen klar kommunizieren, wie sie ihre Mitarbeitenden unterstützen (vgl. Abschn. 7.3.2). Darüber hinaus schafft eine offen gelebte Kommunikationskultur ehrliches Vertrauen im gegenseitigen Miteinander von Unternehmen und Mitarbeitenden.

In einem weiteren strategischen Schritt macht es das Unternehmen mit der Entwicklung von „Candidate Personas" in seiner Ansprache einfacher, die Bedürfnisse, Wünsche und Emotionen der Wunschkandidierenden zu verstehen (vgl. Abschn. 5.1). Personas sind fiktive Einzelpersonen, die für eine gesamte Zielgruppe stehen. Jede ausgedachte Persona besitzt einen Namen, Gesicht, Funktion, Werdegang und Privatleben. Sie verfolgt Ziele, hat Vorlieben und Erwartungen. Diese Basiswerte werden zu einem umfassenden Verhaltensprofil umgewandelt, welches für den Recruitingprozess auf der Suche nach potenziellen Mitarbeitenden eingesetzt wird. Die Personastrategie fördert die Perspektive, sich in den möglichen Bewerbenden sowohl aus persönlicher als auch beruflicher Sicht hineinzuversetzen. Als Empfehlung wird hierbei exemplarisch auf die Bedürfnisse der vorgestellten Mitarbeitergruppen aus Abschn. 4.4 sowie die in der Studie befragten Fach-, Nachwuchs- und Führungskräfte hingewiesen. Zusammenfassend lässt sich sagen, dass die Arbeitgebermarke eine Schlüsselrolle im gesamten Rekrutierungsprozess spielt. Sie ist nicht nur ein Instrument zur Anwerbung von Talenten, sondern auch ein wesentlicher Faktor für die Bindung bestehender Mitarbeitender. Unternehmen aus Fitness- und Gesundheitsmarkt sollten eine klare und authentische Ansprache entwickeln, um sich im Wettbewerb um die besten Talente abzuheben. Hierbei unterstützen „Candidate Personas", um individuelle Zielgruppen zu definieren und damit eine Persönlichkeit bzw. Bewerbenden greifbarer zu machen.

9.2 Hybride Kanäle als Suchoptimum

Sowohl die Wahl als auch die Gestaltung der optimalen Kommunikationswege haben in der Phase der Personalakquisition oberste Priorität. Diese beeinflussen maßgeblich den Erfolg der Suche und Ansprache potenzieller Mitarbeitender. Hauptaufgabe ist es mit den definierten Zielgruppen zu interagieren und die relevanten Unternehmensbotschaften effektiv zu verbreiten. Im untersuchten Fitness- und Gesundheitsmarkt, in dem Mitarbeitende oftmals vielfältig in Bezug auf ihre Qualifikation aufgestellt sind (vgl. Abschn. 4.4), besitzen unternehmensindividuell durchdachte Strategien den entscheidenden Charakter. Die Ergebnisse der Auswertung untermauern, dass sowohl digitale als auch analoge Kommunikationskanäle aus Sicht der befragten Fach-, Nachwuchs- und Führungskräfte strategisch zu nutzen sind. Die Probanden betonten weiterhin die Notwendigkeit einer gezielten und bedarfsorientierten Ansprache. Dies bedeutet, dass Unternehmen nicht nur eine gesteigerte Anzahl von Bewerbungen zulassen, sondern vor allem die passenden Kandidierenden aktiv suchen sollen. Die Vorstellung, dass die Personalakquise in den Unternehmen der Befragten professioneller und strategischer gestaltet werden muss, um den spezifischen Tätigkeitsanforderungen gerecht zu werden, wurde von vielen Befragten geteilt. Darüber hinaus hatten die Befragten eine hohe Sensibilität für eine transparente Kommunikation.

Inhaltliche und strukturelle Strategien in der Personalakquisition
Strukturell betrachtet ist die Strategie des Active Sourcing, die „aktive Personalakquise", pauschal für alle Unternehmen anwendbar (vgl. Abschn. 2.2). Die direkte Ansprache und Suche erfolgen dabei über verschiedene Kommunikationskanäle, beispielsweise über den eigenen Talentpool, Businessnetzwerke, wie LinkedIn und XING, oder auf entsprechenden Job- und Karrieremessen.

Eine basale Empfehlung liegt darin, die „Candidate Journey" im Blick zu halten (vgl. Abschn. 5.1). Oftmals werden Informationen zu offenen Stellen von Bewerbenden auf anderen Kommunikationswegen beschafft, wie über das Unternehmen selbst. Die „Bewerbungsreise" kann dabei „bunt" und vielschichtig ablaufen. Die grundlegende Strategie sieht daher in dieser Phase den Einsatz hybrider Kanäle als Suchoptimum vor. Ziel ist es, authentisches Auftreten, Nahbarkeit und Unternehmensvorteile zielgruppengerecht aufzuzeigen.

Für Fitnessstudios beispielsweise kann im digitalen Kontext auf Online-Banner-Werbung zurückgegriffen werden. Als direktes Akquisetool soll die eigene Karriereseite für Suchende ansprechend und attraktiv gestaltet werden, in dem alle wichtigen Informationen, sowohl über offene Stellen, News und Expertise als auch über die Unternehmenskultur beinhaltet sind. Beispielsweise können auch regelmäßige Trainingstipps und Einblicke in das Team geteilt werden, um ein positives Bild nach außen zu vermitteln.

Weiterhin können Online-Jobportale wie Indeed, StepStone und spezifische Gesundheitsjobbörsen genutzt werden, um gezielt Fachkräfte anzusprechen. Innerhalb von Businessnetzwerken wie LinkedIn können gezielte Suchaktionen und Networking stattfinden. Diese bieten die Möglichkeit, durch kreative Inhalte, Mitarbeitergeschichten und Videos Einblicke in das Unternehmen zu geben. Außerdem stärkt das Teilen von aktuellen Stellenangeboten und Fachartikeln die Sichtbarkeit und Positionierung des Unternehmens. Darüber hinaus agieren branchenspezifische Foren und Netzwerke für Fitness- und Gesundheitskräfte, wie die Experten Allianz für Gesundheit e.V., als Plattform für den Austausch und die Anwerbung von neuen Talenten.

Im hybriden Kontext ist die analoge Teilnahme an Job- und Karrieremessen oder speziellen Gesundheits- bzw. Networkingevents eine Empfehlung. Hier wird ein direkter Kontakt mit potenziellen Bewerbenden hergestellt. Die persönliche Vorstellung des Unternehmens steht dabei im Vordergrund. Der Messestand sollte dabei professionell und einladend wirken, gut „gebrandet" durch Unternehmenslogo und -farben sein und letztlich genügend Platz für Gespräche bieten. Die Unternehmenswerte und -kultur sollten auch hier klar kommuniziert werden, um die richtige Zielgruppe anzusprechen. Möglichkeiten bieten dabei die Präsentation von Poster, Broschüren sowie Gespräche am Stand. Die hybride Schnittstelle bietet in diesem Zusammenhang die Social-Media-Präsenz, in dem eine Live-Berichterstattung über den Messeauftritt erfolgt. Dies kann die Reichweite erhöhen und Talente anziehen, die nicht vor Ort sein können. Abschließend können traditionelle Methoden wie die Verteilung von Flyern in relevanten Einrichtungen ebenfalls einen Akquiseeffekt bewirken.Zusammenfassend lässt sich sagen, dass die Kombination aus digitalen und analogen Kommunikationswegen ein umfassendes Akquisetool darstellt. Der hybride Ansatz ermöglicht es, die Stärken beider Welten zu nutzen: Die Reichweite und Interaktivität digitaler Medien gepaart mit der persönlichen Ansprache und dem direkten Kontakt durch analoge Methoden. Dies ist besonders wichtig im Fitness- und Gesundheitsmarkt, wo persönliche Bindungen und ein authentisches Unternehmensbild entscheidend sind. Ein durchdachter, hybrider Kommunikationsansatz kann die Sichtbarkeit und Attraktivität des Unternehmens erheblich steigern und somit die Chancen erhöhen, die besten Talente zu gewinnen.

9.3 (Künstlich-)Intelligentes Management als Prozessbeschleuniger

Betrachtet man den gesamten Recruitingprozess, so sind besonders in der Personalselektion Effizienz und Schnelligkeit von entscheidender Bedeutung. Das Unternehmen stellt sich die Frage, wie ineffiziente Verfahrensschritte in dieser Phase identifiziert und beseitigt werden können. Ziel ist es, Zeitspannen bis zur Einstellung zu verkürzen und dabei kostensparend zu agieren. Angesichts der wachsenden Personalherausforderungen im Fitness- und Gesundheitsmarkt finden sich Arbeitgeber zunehmend im „War for Talents", also in einer erhöhten Konkurrenzsituation, wieder (vgl. Kap. 2). Es sind daher entsprechende Auswahlstrategien zu etablieren, um sich einerseits von existierenden Marktbegleitern abzuheben und andererseits die besten Talente auszudifferenzieren und zeitnah zu Gesprächen einzuladen.

(Künstlich) Intelligentes Personalmanagement kann dabei als wertvolles Instrument fungieren. Die Ergebnisse der Befragung bestätigen, dass sich Mitarbeitende kürzere, einfachere und effizientere Auswahlverfahren wünschen, als diese gegenwärtig bestehen. Weiterhin zeigt die Auswertung, dass die Probanden eine klare Präferenz für persönliche Gesprächsführungen äußern. Sie wünschen sich weniger bzw. komprimiertere Testverfahren und eine geringere Gewichtung der Analyse von Bewerbungsunterlagen hinsichtlich fachlicher Qualifikationen und Ausbildungen. Stattdessen sollte aus Sicht der Befragten der Fokus stärker auf den individuellen Stärken und Schwächen der Kandidierenden liegen.

Inhaltliche und strukturelle Strategien in der Personalselektion

Langwierige und mehrstufige Auswahlverfahren können dazu führen, dass sich potenzielle Mitarbeitende für andere Stellenangebote entscheiden. Strukturell standardisierte Bewerbungsformulare ermöglichen eine einheitliche Erfassung relevanter Kandidateninformationen. Die Datenerhebung erleichtert die spätere Auswertung, was für den zeitlichen Faktor spricht. Die Bereitstellung von benutzerfreundlichen und stets aktualisierten Unternehmens- bzw. Karrierewebseiten vereinfacht den bewerbenden Fach-, Nachwuchs- und Führungskräften den Zugang. Inhaltliche Anforderungen an die Bewerbungsunterlagen hängen von angestrebter Position und Tätigkeitsprofil ab.

Im weiteren Selektierungsprozess kann der Einsatz von automatisierten Tools zur Vorauswahl bzw. Screening (vgl. Abschn. 2.3) dienlich sein. KI-gestützte Systeme werden nach den Ergebnissen noch nicht verwendet, Ihr gezielter Einsatz beschleunigt beispielsweise die Analyse und Bewertung von Lebensläufen, in dem die programmierte KI bestimmte Muster in Bewerbungen erkennt, die für menschliche Recruiter möglicherweise nicht sofort ersichtlich sind. So können künstlich intelligente Anwendungen die Effizienz der Personalauswahl steigern. Hier liegt ein notwendiger Grundstein von (künstlich) intelligentem Management.

Auch die Entwicklung strukturierter Interviews mit vordefinierten Fragen kann unterstützen, objektive Bewertungen der Bewerbenden einerseits zu gewährleisten und andererseits subjektive Verzerrungen zu minimieren. Darüber hinaus kann beispielsweise die Durchführung von Assessments in Form von Onlinetests zur Eignungsbeurteilung und Überprüfung spezifischer Fähigkeiten die Entscheidungsfindung beschleunigend unterstützen. Als effizientes Mittel werden in der Abschlussphase vorrangig digitale Feedback- und Kommunikationssysteme empfohlen. Sie dienen der zentralen Verwaltung der Kommunikation und helfen den Bewerbungsstatus zeitnah zu aktualisieren.Zusammenfassend lässt sich sagen, dass ein intelligentes Personalmanagement mit Unterstützung digitaler und KI-gestützter Anwendungen sich als effektiver Auswahlakzelerator auszeichnen wird. Durch die Entwicklung und individuelle Anpassung standardisierter Verfahren können Fitness- und Gesundheitsunternehmen ihren Auswahlprozess somit beschleunigen und gleichzeitig die Qualität der Entscheidungen erhöhen. Dies führt nicht nur zu einer schnelleren Besetzung von Stellen, sondern auch zu einer höheren Zufriedenheit der Bewerbenden. Es kommt bereits in dieser Phase zu einer besseren Passung zwischen Mitarbeitenden und Unternehmen.

9.4 Authentizität und Empathie als Mitarbeiterbinder

Besonders in der vierten und letzten Phase des Rekrutierungsprozesses, der Personalintegration, sind gezielte Maßnahmen gefordert, um die Weichen für eine starke und langfristige Mitarbeiterbindung zu fördern. Die Abschlussphase stellt zugleich den Beginn des offiziellen Arbeitsverhältnisses dar. Jedem Anfang wohnt bekanntlich ein Zauber inne, und so ist neben den „Hard Facts" wie die Bereitstellung von Zugangsdaten und

Arbeitsmaterialien die empathische Ansprache entscheidend, um eine erste emotionale Verbindung zu schaffen.

Auch die Auswertung der Ergebnisse hat gezeigt, dass sich die befragten Mitarbeitenden bereits bei Arbeitsantritt allgemein mehr persönliche Einbindung und Kommunikation wünschen. Das Gefühl von Beginn an willkommen und wertgeschätzt zu sein, hat einen bedeutsamen Einfluss auf das spätere Engagement und Motivationslevel und stellt somit einen zentralen Faktor für die nachhaltige Bindung an das Unternehmen.

Die Ergebnisse zeigen weiterhin, dass unzureichender Informationsfluss und mindere Transparenz schnell demotivierend wirken können. Besonders bei qualifizierten Fach- und Führungskräften besteht die Gefahr einer frühzeitigen Fluktuation, wenn klare Informationen und Erwartungen fehlen. Daher ist es entscheidend, dass im Vorfeld eine beidseitige Einigung über die relevanten Aspekte des Arbeitsvertrages erzielt wird. Die Probanden äußern den Wunsch nach Klarheit und Authentizität in der Kommunikation.

Insbesondere Auszubildende und dual Studierende, die als Nachwuchskräfte gelten, wünschen sich eine umfassendere Einarbeitung in alle Unternehmensbereiche. Sie möchten nicht nur als „billige" Arbeitskräfte im Vertrieb oder auf der Trainingsfläche eingesetzt werden, sondern aktiv in die verschiedenen Abläufe integriert werden.

Zusammenfassend wird auch hier die Bedeutung einer persönlichen, emotionalen Kommunikation hervorgehoben. Diese kann helfen, eine langfristige Bindung der Mitarbeitenden an das Unternehmen zu fördern. Eine durchdachte Integrationsstrategie, die auf Transparenz, Klarheit und emotionale Unterstützung setzt, ist somit essenziell, um die Motivation und Loyalität neuer Mitarbeitender zu stärken.

Inhaltliche und strukturelle Strategien in der Personalintegration
Strukturell sollte der Arbeitseinstieg in Form eines Onboardingprogramms einheitlich für alle neuen Mitarbeitenden ablaufen. Dabei sind die wichtigsten Aspekte zur Unternehmensstruktur, -kultur und zu allgemeinen Abläufen abgedeckt. Inhaltlich hängt der Einbindungsprozess von Position und Tätigkeitsprofil ab.

Der gezielte Einsatz von erfahrenen und bereitwilligen Kollegen als Mentoren kann, bei ausreichender Personalkapazität, erfolgen. Das Mentoring bezeichnet allgemein ein Personalentwicklungsinstrument (vgl. Abschn. 2.4 und 5.2). Ein Ziel dieser Strategie ist es dabei, den neuen Mitarbeitenden bei seiner individuellen Entwicklung zu unterstützen. Im Zusammenhang mit den statistischen Ergebnissen sind für den „Paten" die hohe Sozial- und Methodenkompetenz als erfolgreiches Bindungsmittel nennen, also Methoden und Techniken, die zur Anwendung der fachlichen Kenntnisse erforderlich sind. Mit Blick auf die soziale Beziehungsebene lassen sich besonders die weichen Faktoren „Authentizität" und „Empathie" herausstellen. Dazu zählen sowohl der transparente Umgang mit Unternehmensabläufen und -hintergründen, als auch der persönlich-verständnisvolle Zugang zum Mentee. Die Empfehlung liegt nahe, dass eingesetzte Mentoren in den Bereichen Kommunikation und Persönlichkeitsentwicklung geschult sein sollten. Das Mentoringprogramm ist abhängig von Unternehmenskultur, Position und Tätigkeitsprofil und kann bis zu zwei Jahre dauern.

Neben der Strategie der individuellen „Patenschaft" zeigt sich der Aufbau kollektiver Ziele und Werte als personalintegratives Medium. Gemeinsame Ideale und Normen lassen sich anhand von Verhaltensrichtlinien in Form des „Teamgedankens" entwickeln. Veranstaltungen, wie Teambuildingevents und Workshops oder informelle Treffen und Aktivitäten, fördern in erster Linie die persönliche Annäherung untereinander. Die Unternehmenskultur und ihre Werte können anschließend im „Miteinander" erleb- und spürbar gemacht werden. Auch hierbei werden die Faktoren „Authentizität" und „Empathie" zum Identifikationsgefühl führen. Die Empfehlung sieht den Mitarbeitenden sowohl im Unternehmenszentrum, als auch im Miteinander, d. h. selbstorganisiert, aber nicht nur für sich. Durch stetige Wiederholung manifestiert sich das gemeinsam Erlebte und Gelernte. Emotionale Verbundenheit, Teamdynamik und im Bestfall die Mitarbeitenden als Markenbotschafter sind das Resultat dieser Strategie.

Die letzte Integrationsstrategie liegt in regelmäßigen Feedbackgesprächen. Einzelinterviews bieten die Möglichkeit, den neuen Mitarbeitenden in ihrer Einarbeitungsphase aktiv zu unterstützen und etwaige Unsicherheiten frühzeitig zu klären. Mit dieser Form der Kommunikation kann das Unternehmen sicherstellen, dass sich die neuen Fach-, Nachwuchs- oder Führungskräfte unterstützt und wertgeschätzt fühlen. Beispielsweise können auch Interviews mit bestehenden Mitarbeitenden, mit etwa einjähriger Unternehmenszugehörigkeit, durchgeführt und zur Verfügung gestellt werden. Mögliche Fragen können hierbei sei: Warum haben Sie sich beworben? Stimmt die Realität mit der Stellenanzeige bis zum Onboarding überein? Welcher Generation sind Sie angehörig und was brauchen Sie, um weiterhin produktiv und zufrieden zu sein? Konnten in ihrem ersten Jahr Ihre Erwartungen an das Unternehmen erfüllt werden? Wo gab es Übereinstimmungen, wo Diskrepanzen? Die gezielte Konzeption oder Anpassung der Strategien in den verschiedenen Phasen der Personalbeschaffung werden sich nicht nur quantitativ und qualitativ auf die eingehenden Bewerbungen auswirken, sondern auch nachhaltig auf Motivation, Produktivität und die Bindung der Mitarbeitenden im jeweiligen Unternehmen.

9.5 Kurz und knapp: Checklisten

Zusammenfassend wird zur strukturierten und praxisrelevanten Umsetzung im Folgenden für jede Handlungsempfehlung eine eigene 3-Punkte-Checkliste vorgestellt:

(1) 3-Punkte-Checkliste – Die Arbeitgebermarke als unternehmenskulturelle Basis
(2) 3-Punkte-Checkliste – Hybride Kanäle als Suchoptimum
(3) 3-Punkte-Checkliste – (Künstlich-)Intelligentes Management als Prozessbeschleuniger
(4) 3-Punkte-Checkliste – Authentizität und Empathie als Mitarbeiterbinder

9.5.1 3-Punkte-Checkliste: Die Arbeitgebermarke als unternehmenskulturelles Basiselement

1. Wertvoll und nützlich
Kultur klar definieren

Praxisnahe Umsetzung: Für das entsprechende Fitness- und Gesundheitsunternehmen werden Vision, Werte und Mission in einem klaren Leitbild festgehalten. Ziele und Intensionen, wie beispielsweise die nachhaltige Förderung von Prävention und Gesundheit oder die Stärkung von Gemeinschaft und individuellem Wachstum, können Grundpfeiler des Unternehmensleitbildes sein.

Persönliche Empfehlung: Regelmäßige „Kultur-Workshops" durchführen, um gemeinsam mit den Mitarbeitenden das Unternehmensleitbild zu reflektieren und stetig weiterzuentwickeln.

Nutzenversprechen einhalten

Praxisnahe Umsetzung: Nur wenn das Nutzenversprechen authentisch ist, kann es eingehalten und langfristig gelebt werden. Es bildet den Kern der Unternehmenskultur. Die Werte und Vorteile für Mitarbeitende werden klar widergespiegelt und in allen Rekrutierungsmaterialien, wie beispielsweise in Stellenanzeigen und insbesondere auf der Karriereseite, sichtbar und verständlich kommuniziert.

Persönliche Empfehlung: „Testimonials" einsetzen, in dem Erfahrungsberichte von bestehenden Mitarbeitenden regelmäßig veröffentlicht werden, um das Nutzenversprechen lebendig und nachvollziehbar zu machen.

2. Analytisch und passend
Zielgruppe analysieren

Praxisnahe Umsetzung: Das entsprechende Fitness- und Gesundheitsunternehmen führt eine Analyse der demografischen Merkmale seines idealen Mitarbeitenden durch. Daraufhin werden detaillierte Anforderungsprofile für jede Position im Betrieb erstellt, die sowohl die notwendigen fachlichen als auch persönlichen Kompetenzen umfassen.

Persönliche Empfehlung: Regelmäßiges Feedback von bestehenden Mitarbeitenden einholen, um deren Hintergründe und Präferenzen besser zu verstehen. Entsprechend Anforderungsprofile überprüfen und gegebenenfalls an aktuelle Marktbedingungen anpassen.

Kommunikationskanäle identifizieren

Praxisnahe Umsetzung: Das Fitness- und Gesundheitsunternehmen „forscht" nach passenden Medien und Kommunikationskanälen, die allgemein für Stellenausschreibungen genutzt werden können.

Persönliche Empfehlung: Eine Liste mit lokalen und digitalen Netzwerken, Plattformen und Zeitschriften erstellen, die für die Zielgruppe als relevant eingestuft werden.

3. Berechnend und reflektierend
Kennzahlen definieren
   Praxisnahe Umsetzung: Im Fitness- und Gesundheitsunternehmen werden Kennzahlen berechnet und regelmäßig miteinander verglichen. Hierzu zählen beispielsweise die Bewerberanzahl pro Stellenausschreibung und die prozentuale Mitarbeiterfluktuation.
   Persönliche Empfehlung: Ein Dashboard erstellen, um die entsprechenden Kennzahlen visuell darzustellen und Trends zu erkennen.
Maßnahmen evaluieren
   Praxisnahe Umsetzung: Das Fitness- und Gesundheitsunternehmen analysiert alle durchgeführten Aktivitäten und Maßnahmen, wie beispielsweise die Aufrufe der Karrierewebseite, um zu verstehen, welche Kanäle am effektivsten sind.
   Persönliche Empfehlung: Monatliche Reports erstellen, um die Effektivität der Rekrutierungsstrategien zu bewerten und gegebenenfalls Anpassungen vorzunehmen.

9.5.2 3-Punkte-Checkliste: Hybride Kanäle als Suchoptimum

1. Digital und analog
Social Media bespielen
   Praxisnahe Umsetzung: Das Fitness- und Gesundheitsunternehmen bestimmt einen internen „Digital-Recruiter". Dieser veröffentlicht die aktuellen Stellenangebote zielgruppengerecht auf Online-Plattformen, vorzugsweise auf LinkedIn, XING, Indeed und Stepstone.
   Persönliche Empfehlung: Netzwerk aktiv aufbauen und pflegen. Mit regelmäßigen Beiträgen sicherstellen, dass alle notwendigen Informationen die Zielgruppe erreichen.
Analoge Kanäle aktivieren
   Praxisnahe Umsetzung: Das Fitness- und Gesundheitsunternehmen nutzt Fachzeitschriften, lokale Zeitungen und öffentliche Einrichtungen, um seine Stellenanzeigen zu platzieren.
   Persönliche Empfehlung: An lokalen Jobmessen, Berufsinformations- und Karrieretagen teilnehmen, um direkt mit potenziellen Bewerbenden in Kontakt zu treten.

2. Strategisch und professionell
Strategisch planen
   Praxisnahe Umsetzung: Das Fitness- und Gesundheitsunternehmen konzipiert einen klaren Rekrutierungsplan, der die Zielgruppen, Kanäle und den Zeitrahmen definiert.
   Persönliche Empfehlung: Regelmäßige „Recruiting-Meetings" im Team abhalten, um den Rekrutierungsfortschritt zu analysieren und gegebenenfalls Strategien anzupassen.
Professionell gestalten
   Praxisnahe Umsetzung: Im Fitness- und Gesundheitsunternehmen wird ein „Anzeigen-Designer" bestimmt. Dieser gestaltet Stellenanzeigen, in denen die Unternehmenskultur und das Nutzenversprechen klar kommuniziert sind.

Persönliche Empfehlung: Vorlagen für Stellenanzeigen entwickeln, die konsistent in der Gestaltung sind und die Markenidentität authentisch widerspiegeln.

3. Sensibel und ehrlich
Sensibel kommunizieren
Praxisnahe Umsetzung: Das Fitness- und Gesundheitsunternehmen bestimmt einen „Aktualisierer". Dieser informiert Kandidierende regelmäßig über den persönlichen Bewerbungsstand, um Unsicherheiten zu vermeiden.

Persönliche Empfehlung: Automatisierte E-Mail-Bestätigungen einführen, die den weiteren Bewerbungsprozess detailliert und verständlich erläutern.

Feedbackkultur etablieren
Praxisnahe Umsetzung: Das Fitness- und Gesundheitsunternehmen holt nach Abschluss des Bewerbungsprozesses „ehrliches" Feedback der Bewerbenden ein.

Persönliche Empfehlung: Anonyme Umfragen an Bewerbende senden, um deren individuellen Eindrücke, Erfahrungen und Verbesserungsvorschläge zu erfassen.

9.5.3 3-Punkte-Checkliste: (Künstlich-)Intelligentes Management als Prozessbeschleuniger

1. Persönlich und kompetent
„Reale" Kontakte aufbauen
Praxisnahe Umsetzung: Das Fitness- und Gesundheitsunternehmen präferiert und priorisiert den persönlichen Kontakt und Austausch.

Regelmäßige „Meet-and-Greet-Events" veranstalten, bei denen Interessierte und potenzielle Bewerbende die Möglichkeit haben, das Team und die Unternehmenskultur kennenzulernen.

Rekrutierungskompetenz zeigen
Praxisnahe Umsetzung: Das Fitness- und Gesundheitsunternehmen entwickelt einen Interviewleitfaden, der die Bewerbungsgespräche effizient und kompetent gestaltet.

Persönliche Empfehlung: Einen Fragenkatalog konzipieren, der sowohl fachliche und persönliche Aspekte abdeckt als auch dem Bewerbenden ausreichend Spielraum für eigene Fragen bietet.

2. Künstlich und effizient
KI nutzenbringend einsetzen
Praxisnahe Umsetzung: Das Fitness- und Gesundheitsunternehmen implementiert ein digitales Bewerbermanagementsystem, das weite Teile des Rekrutierungsprozesses automatisiert.

Persönliche Empfehlung: Softwarelösungen wie BambooHR oder SmartRecruiters verwenden, um sowohl Bewerbungen zentral zu verwalten als auch die nächsten Schritte im Auswahlprozess zu beschleunigen.

Effizienz priorisieren
Praxisnahe Umsetzung: Das Fitness- und Gesundheitsunternehmen reduziert die Anzahl an Auswahlrunden, in dem beispielsweise mithilfe von kurzen Online-Tests die Eignung der Bewerbenden vorab unmittelbar überprüft werden kann.
Persönliche Empfehlung: Um Transparenz zu schaffen, werden die Kandidierenden innerhalb von 48 h über den Stand ihrer Bewerbung informiert.

3. Fokussiert und stark
Anforderungen im festen Blick haben
Praxisnahe Umsetzung: Das Fitness- und Gesundheitsunternehmen erstellt individuelle Anforderungsprofile, welche die wichtigsten Kompetenzen für die jeweilige Position hervorheben.
Persönliche Empfehlung: Die Auswahlkriterien regelmäßig an die spezifischen Anforderungen der Position anpassen und dabei die aktuellen Marktbedingungen berücksichtigen.
Stärken stärken
Praxisnahe Umsetzung: Das Fitness- und Gesundheitsunternehmen führt individuelle Potenzialanalysen durch und setzt Psychometrische Tests oder Assessment-Center ein, um die persönlichen Stärken wie auch Schwächen der Bewerbenden zu identifizieren.
Persönliche Empfehlung: Nach dem Auswahlprozess erhalten alle Kandidierenden, unabhängig von der Entscheidung, ein kurzes Feedbackgespräch, um ihre persönlichen Entwicklungsmöglichkeiten aufzuzeigen.

9.5.4 3-Punkte-Checkliste: Authentizität und Empathie als Mitarbeiterbinder

1. Transparent und offen
Transparenz schaffen
Praxisnahe Umsetzung: Das Fitness- und Gesundheitsunternehmen gibt regelmäßig detaillierte Einblicke und Updates zu Zielentwicklungen und geplanten Veränderungen.
Persönliche Empfehlung: In wöchentlichen Team-Meetings aktuelle Projekte und Erfolge gemeinsam erörtern.
Offenheit öffnen
Praxisnahe Umsetzung: Das Fitness- und Gesundheitsunternehmen öffnet vielseitige Kanäle für eine klare Gesprächs- und Feedbackkultur und schafft ausreichend Raum für Ideen, Anregungen und Bedenken.
Persönliche Empfehlung: Eine Feedbackbox einrichten, in der Mitarbeitende, namentlich oder anonym, ihre Anliegen äußern können.

2. Individuell und erwartungsvoll
Individuell fördern

Praxisnahe Umsetzung: Das Fitness- und Gesundheitsunternehmen stellt Informationen über individuelle Entwicklungsmöglichkeiten bereit.

Persönliche Empfehlung: Interne Newsletter schalten, die aktuelle Fort- und Weiterbildungsangebote sowie individuelle Karrierewege innerhalb des Unternehmens hervorheben.

Erwartungen klar kommunizieren

Praxisnahe Umsetzung: Das Fitness- und Gesundheitsunternehmen kommuniziert klar seine Erwartungen an den neuen Mitarbeitenden während des Onboardings.

Persönliche Empfehlung: Ein Onboarding-Dokument erstellen, das die Ziele und Erwartungen der ersten 30–60–90 Tage detailliert beschreibt. Darüber hinaus regelmäßige „Check-in-Gespräche" führen, um mögliche Unsicherheiten und Missverständnisse vorab auszuräumen.

3. Integriert und begleitend
Integration erfolgreich umsetzen

Praxisnahe Umsetzung: Im Fitness- und Gesundheitsunternehmen wird der 30–60–90-Tage-Plan gewissenhaft umgesetzt.

Persönliche Empfehlung: Strukturierte Einarbeitungspläne und -materialien erstellen. Die wichtigsten Aufgaben und Lernziele für neue Mitarbeitende sind hier dokumentiert.

Pate werden

Praxisnahe Umsetzung: Das Fitness- und Gesundheitsunternehmen führt ein Mentoren-Programm ein. Erfahrene „Sparringpartner" unterstützen und begleiten den neuen Mitarbeitenden während seiner Einarbeitungszeit.

Persönliche Empfehlung: Um die Integration und Mitarbeiterentwicklung nachhaltig zu fördern werden in regelmäßigen Abständen Schulungen und Workshops zu unternehmensrelevanten Themen, wie beispielsweise Mitglieder- oder Patientenservice, Social Media, KI und Teamarbeit angeboten.

Die vier 3-Punkt-Checklisten bieten dem einzelnen Fitness- und Gesundheitsunternehmen eine klare und Struktur, um die relevanten Elemente direkt in ihrem Rekrutierungsprozess zu verankern.

Schlusswort 10

Gegenwärtig sehen sich Unternehmen im Fitness- und Gesundheitsmarkt spürbaren Herausforderungen gegenüber. Die Geschwindigkeit und Resilienz, mit der Unternehmen auf Veränderungen reagieren, sind entscheidend; so können agile Recruitingprozesse helfen, sich schnell an neue Marktanforderungen anzupassen und die richtigen Fach- und Führungskräfte zur richtigen Zeit zu finden.

Hybrides Arbeiten wird sich auch in Unternehmen, wie Fitnessstudios oder Gesundheitszentren, als effektives Modell etablieren. Es ermöglicht, junge Talente und bereits erfahrene Trainer und Therapeuten aus verschiedenen Regionen zu gewinnen. Durch beispielsweise zunehmende Angebote von digitalen „Sprechstunden" für Kunden und Patienten kann die Work-Life-Balance durch flexible Arbeitsmodelle und Remote-Optionen gefördert werden.

Die Digitalisierung hat die Art und Weise, wie rekrutiert wird, nahezu revolutioniert. Durch den Einsatz von KI-gestützten Tools werden Fitness- und Gesundheitsunternehmen zukünftig potenzielle Mitarbeitende, ob Fachkraft oder Allrounder, Trainer oder Studioleiter, noch effizienter identifizieren und ansprechen können. KI ermöglicht eine schnellere Vorauswahl von Kandidierenden und kann dabei helfen, Bias zu reduzieren. Gerechtigkeit ist allgemein ein essenzielles Thema. Durch transparente Auswahlprozesse und Diversitätsinitiativen kann gerechtes Recruiting gewährleistet werden, um sicherzustellen, dass alle Bewerbenden die gleichen Chancen erhalten.

So wird das Employer Brandingdes einzelnen Fitnessstudios oder der Physiotherapiepraxis zunehmend zu einem entscheidenden Faktor, um talentierte Fach- und Führungskräfte auch weiterhin zu gewinnen und langfristig zu halten. Gesundheitsunternehmen, die ihre Kultur und Werte klar kommunizieren, schaffen ein starkes Markenimage, welches potenziell verfügbare Mitarbeitende wie Trainer, Therapeuten und Auszubildende anspricht. In einem beruflichen Umfeld, das durch persönliche Interaktion, individuelle

Gespräche und Kundenbetreuung unser höchstes Gut, unsere Gesundheit, unterstützt und schützt, ist es unerlässlich, ein authentisches und ansprechendes Arbeitgeberprofil zu entwickeln. Die Mitarbeiterbindung ist hier ein zentraler Aspekt, um die Fluktuation zu reduzieren.

Für den einzelnen Betrieb ist es selbstverständlich den hohen Standards im Fitness- und Gesundheitsmarkt auch zukünftig gerecht zu bleiben. Kenntnisse in moderner Trainingslehre, Ernährung, Prävention und Rehabilitation oder auch Entspannung und Stressmanagement gilt es ständig auf den neuesten Stand zu bringen und zu vertiefen. Hierbei sind neben den fachlichen Inhalten ebenso „weiche" Faktoren wie Empathie und Authentizität von großer Bedeutung. Es sind nicht nur Schlagworte im Recruiting, sondern essenzielle Elemente, die aus der heutigen Arbeitswelt nicht wegzudenken sind. Die Fähigkeit, sich in die Bedürfnisse und Wünsche der Mitarbeitenden hineinzuversetzen, wird entscheidend sein, um eine positive Unternehmenskultur zu fördern und die Mitarbeiterbindung zu stärken. Ganz besonders in einem Umfeld wie das von Fitness- und Gesundheitseinrichtungen. Und wie heißt es bekanntlich: Die beste Zeit für einen Neuanfang ist immer jetzt.

Anhang

 UmfrageOnline

Recruiting im Fitness- und Gesundheitsmarkt

Recruiting im Fitness- und Gesundheitsmarkt

Herzlich willkommen! Ich freue mich über Ihre Teilnahme an der ca. 10-minütigen Umfrage, welche im Rahmen meines Buchprojekts für den Springer Verlag durchgeführt wird.

Voraussetzung ist, dass Sie im Fitness- und Gesundheitsmarkt tätig sind.

Für den Erfolg der Studie ist es wichtig, dass Sie den Fragebogen gewissenhaft ausfüllen und keine der Fragen auslassen. Alle Daten werden anonym erhoben und streng vertraulich behandelt. Die gesammelten Daten können Ihrer Person nicht zugeordnet werden.

Mit Ihrer fachlichen Meinung und Erfahrung unterstützen Sie meine Arbeit maßgeblich. Vielen Dank im Voraus.

Daniel Schwarzenberger

P.S.: Nutzer der Forschungsplattform SurveyCircle.com erhalten für ihre Teilnahme SurveyCircle-Punkte.
This survey contains credits to get free survey responses at SurveySwap.io

Bitte setzen Sie einen Haken: Ich habe die Einleitung gelesen und freue mich auf die Beantwortung der Fragen. *

◯ Ja

1. Ihre bisherige Bewerbungsanzahl für Stellen im Fitness- und Gesundheitsmarkt *

Bitte beachten Sie, dass die folgenden Angaben **nur** in Bezug auf Bewerbungen im Fitness- und Gesundheitsbereich gelten.

Wie viele Bewerbungen haben Sie in den letzten 5 Jahren schätzungsweise abgeschickt?

- ◯ keine
- ◯ 1 bis 5 Bewerbungen
- ◯ 6 bis 20 Bewerbungen
- ◯ 21 bis 50 Bewerbungen
- ◯ mehr als 51 Bewerbungen

2. Ihr Bewerbungsverhalten gegenüber Stellenausschreibungen im Fitness- und Gesundheitsmarkt *

Bitte beachten Sie, dass die folgenden Aussagen **nur** in Bezug auf Bewerbungen im Fitness- und Gesundheitsbereich gelten:

	trifft überhaupt nicht zu	trifft eher nicht zu	trifft eher zu	trifft vollkommen zu
Ich schicke meine Bewerbungen immer **per Post**.	◯	◯	◯	◯
Ich bewerbe mich ausschließlich über **E-Mail**.	◯	◯	◯	◯
Wenn ich mich für eine Stelle bewerbe, fülle ich nur das **Bewerbungsformular** auf der **Unternehmenswebseite** aus.	◯	◯	◯	◯
Ich bewerbe mich rein über **Online-Jobbörsen** wie z.B. Indeed oder Stepstone.	◯	◯	◯	◯
Meine Bewerbungsunterlagen gebe ich stets **persönlich in schriftlicher Form** direkt im Unternehmen ab.	◯	◯	◯	◯

Anhang

3. Bitte ordnen Sie die folgenden Aussagen in der Reihenfolge Ihrer momentanen Bedeutung für Sie ein: 1. = die wichtigste Aussage, 4. = die am wenigsten wichtige Aussage *

Bitte beachten Sie, dass die folgenden Aussagen **nur** in Bezug auf Ihr **derzeitiges Arbeitsumfeld** im Fitness- und Gesundheitsbereich gelten:

Meine Motivation ist ein **hohes Gehalt**.	1.
Selbstverwirklichung ist mein großes Ziel	
Meine Tätigkeit muss mir **hohe Flexibilität** bieten wie z.B. hybride Arbeitsmöglichkeiten.	
Eine ausgewogene **Work-Life-Balance** ist für mich ein wichtiger Faktor.	

Zum einheitlichen Verständnis werden im Folgenden die unterschiedlichen Mitarbeitergruppen definiert: *

- **Fachpersonal:**
    - **Status:** Anerkannter Ausbildungsabschluss, erworbene Kenntnisse und Berufserfahrung im Fachgebiet wie z.B. Sportwissenschaftler, Physiotherapeuten, Absolventen aus dualen Studiengängen, Sport- und Fitnesskaufleute, ausgebildete Fachkräfte oder lizenzierte Trainer für die Bereiche Sport, Fitness und/oder Gesundheit
- **Führungspersonal:**
    - **Status:** Geschäftsführende, Gesamtstudioleitende, Leiter von einzelnen Bereichen wie z.B. Trainingsfläche, Kursbetrieb, Sauna- und Wellnessbereich, Gastronomie, Theke oder Rezeption
- **(Potentielles) Nachwuchspersonal:**
    - **Status: derzeit** Auszubildende oder dual Studierende in den Bereichen Sport, Fitness und/oder Gesundheit
- **Sonstiges Personal:**
    - **Status: nur** Aushilfskräfte wie z.B. Trainer mit geringfügiger Beschäftigung in den Bereichen Sport, Fitness und/oder Gesundheit

4. Bitte ordnen Sie sich einer Mitarbeitergruppe zu:

○ Fachpersonal

○ Führungspersonal

○ (Potentielles) Nachwuchspersonal

○ Sonstiges Personal

5. Ihre Einschätzung zur derzeitigen Personalsituation in Ihrem Unternehmen *

Inwieweit treffen folgende Aussagen Ihrer Wahrnehmung nach zu?

	trifft überhaupt nicht zu	trifft eher nicht zu	trifft eher zu	trifft vollkommen zu	keine Aussage möglich
Wir haben aktuell **Personalbedarf**.	○	○	○	○	○
Uns fehlen **ausgebildete Fachkräfte**.	○	○	○	○	○
Führungspositionen werden erst **nach mindestens 4 Monaten** besetzt.	○	○	○	○	○
Wir haben **Probleme** mit der Besetzung von **Ausbildungsplätzen**.	○	○	○	○	○
Auszubildende oder **dual Studierende** werden als **vollwertige Fachkräfte** eingesetzt.	○	○	○	○	○

Anhang

6. Ihre Wahrnehmung zur Recruitingstrategie in Ihrem Unternehmen *

Inwieweit treffen folgende Aussagen Ihres Wissens zu?

	trifft überhaupt nicht zu	trifft eher nicht zu	trifft eher zu	trifft vollkommen zu	keine Aussage möglich
Bei uns werden **Nachwuchs- und Führungskräfte** vorrangig **intern** herangezogen, z.B. durch Förderung unserer Auszubildenden oder dual Studierenden	○	○	○	○	○
Wir besetzen vakante Stellen ausschließlich mit **externen Bewerbenden**.	○	○	○	○	○
Es werden rein **digitale Netzwerke** und **Plattformen** wie z.B. LinkedIn oder Instagram genutzt, um Bewerbende zu finden.	○	○	○	○	○
Wir schalten **keine** Stellenanzeigen in Printmedien.	○	○	○	○	○
Mein Unternehmen ist hauptsächlich auf **Job-** oder **Karrieremessen** vertreten, um **persönlich** in Kontakt mit potentiellen Bewerbenden zu kommen.	○	○	○	○	○
Die Nutzung von **Online-Jobbörsen** reicht voll und ganz aus, um unseren Personalbedarf zu decken.	○	○	○	○	○
In unserem Recruitingprozess wird vorrangig **künstliche Intelligenz** eingesetzt, z.B. mithilfe von ChatGPT	○	○	○	○	○

7. Ihre persönliche Meinung zur Arbeitgebermarke *

Inwieweit treffen folgende Aussagen ihrer Wahrnehmung nach zu?

	trifft überhaupt nicht zu	trifft eher nicht zu	trifft eher zu	trifft vollkommen zu
Ich **identifiziere** mich voll und ganz mit meinem Unternehmen.	○	○	○	○
Meine Einrichtung hat ein **starkes Image** in der Öffentlichkeit.	○	○	○	○
Mein Unternehmen gibt mir ausreichend Möglichkeiten für eine ausgewogene **Work-Life-Balance**.	○	○	○	○
Meine **Verbesserungsvorschläge** werden berücksichtigt, z.B. in Bezug auf Arbeitsprozesse	○	○	○	○
In meiner **jetzigen Postition** werde ich entsprechend meiner Tätigkeit und Leistung für mich angemessen **entlohnt**.	○	○	○	○
Mein Unternehmen ist ein **attraktiver Arbeitgeber**.	○	○	○	○

8. Wenn Sie den Ihnen bekannten Recruitingprozess beeinflussen könnten, was würden Sie zukünftig verändern wollen? *

Bitte antworten Sie, wenn möglich, in ganzen Sätzen.

0 / 500

Anhang

9. Bitte kreuzen Sie Ihr Geschlecht an: *

○ weiblich

○ männlich

○ divers

10. Ordnen Sie sich bitte Ihrer Geburtsjahrgangsgruppe zu: *

○ 2010 und jünger

○ 1995 bis 2009

○ 1980 bis 1994

○ 1965 bis 1979

○ 1950 bis 1964

○ 1949 und älter

11. Bitte ordnen Sie sich einem untengenannten Status zu: *

○ Ich habe bereits einen anerkannten Abschluss im Bereich Sport, Fitness und/oder Gesundheit

○ Ich befinde mich derzeitig in Ausbildung im Bereich Sport, Fitness und/oder Gesundheit

○ Ich bin gegenwärtig dual Studierender im Bereich Sport, Fitness und/oder Gesundheit

○ Ich habe keine Ausbildung im Bereich Sport, Fitness und/oder Gesundheit

12. Wie lautet Ihre (angestrebte) Ausbildungsbezeichnung: z.B. M.Sc. in Sportwissenschaften, B.A. in Fitnessökonomie, Sport- und Fitnesskaufmann/-frau, Fachlizenztrainer/-in *

13. In welcher Art von Einrichtung gehen Sie Ihrer <u>momentanen</u> Tätigkeit nach: z.B. Fitnessstudio (Ketten- oder Einzelbetrieb), Gesundheitszentrum, Praxis für Physiotherapie *

14. Wie viele Mitarbeitende sind derzeitig in Ihrem Unternehmen beschäftigt? *

○ 1 bis 3

○ 4 bis 9

○ 10 bis 49

○ 50 oder mehr

15. Wie sind Sie auf die vorliegende Studie aufmerksam geworden? *

○ über Social Media

○ über einen persönlichen Kontakt

Ich bedanke mich ganz herzlich, dass Sie sich die Zeit genommen haben, die Fragen zu beantworten.

Bitte drücken Sie abschließend den Button "Absenden".

Daniel Schwarzenberger

Made in the USA
Monee, IL
03 May 2026

49438551R00083